Ennow Strelow

Zicke Zacke

Schweinebacke...

© Ennow Strelow, Oldenburg 2015
Herstellung und Verlag: Books on Demand, Norderstedt
Erste Auflage 2015

Fotografie: Ennow Strelow
Umschlag- und Figurengestaltung: Ennow Strelow
Layout: Ennow Strelow / Satz: Michael Schildmann/edition lichtblick

Die Deutsche Nationalbibliothek verzeichnet diese Publikation in der Deutschen Nationalbibliografie; detaillierte bibliografische Daten sind im Internet über dnb.d-nb.de abrufbar.

ISBN: 978-3-7386-1945-4   www.edition-lichtblick.de

Zicke Zacke
Schweinebacke ...

Frussland das urzeitliche Riesenreich
wird von Wladimir Putenkopf,
einem grausamen Tyrannen geknechtet!
Wer kann die Frussen von Putenkopf
befreien? Das kann nur einer...
Guru Niewahrnarr und sein treuer
Novize Jewgehnie!

Es war still geworden um Guru Niewahrnarr. Versonnen saß der unumschränkte Altmeister des 16 - blättrigen Tütenbaus am Strand von Pattaya und genoss den milden Schein der untergehenden Abendsonne. Leise platschten die Wellen im immer wiederkehrenden Rhythmus in den weißen Sand. Aus der Ferne hörte man zuweilen das Lärmen und Johlen einer ausgelassenen Feiergemeinde, die die kommende Nacht zum Tag machen wollte.

Heute am Samstagabend war Onkel Dittmeyers Dröhndom proppenvoll mit Gästen aus nah und fern. Wie immer hieß das Motto des Abends : "Ich alleine - Du alleine wirbeln solln die Vogelbeine." Guru Niewahrnarr schmunzelte. Zwar war er kein Freund von Tanzveranstaltungen jeglicher Art, aber er wußte um die Kraft des sich Vergnügens, denn die Pattayaner hatten die ganze Woche hart und fleißig gearbeitet. Da durfte man auch mal auf den Putz hauen und die Sau raus lassen.

Langsam verschwand die Sonne wie eine glühende Apfelsine am Horizont und ein aufkommender kühler Wind ließ den Meister frösteln. Mit hochgezogenen Schultern machte er sich auf den Heimweg. Es wurde Zeit zu meditieren. Zuhause angekommen setzte er sich auf sein üppiges Daunenkissen öffnete seinen göttlichen Schnabel und ließ aus diesem ein besonders langgezogenes Oooooohhhmmmmmm gleiten

Eigentlich konnte Guru Niewahrnarr mit sich und der Welt zufrieden sein. Wenn nur dieses Wort "Eigentlich" nicht wäre. Für den Meister war es ein Unwort. Dahinter versteckte sich etwas nicht Vollendetes, nicht zu Ende gebrachtes. Es gaukelte einem selbst und anderen etwas vor was so nicht wahr war. Grässlich!!! So sollte sein Lebenswerk nicht enden. Es gab noch soviel zu tun. Die Welt war immer noch voll von Unwissenden, von verirrten Seelen und all den Geknechteten und Gequälten, denen es nicht so gut ging wie den Pattayanern. Weg mit diesem grässlichen sich selbst bauchpinselnden Unwort "Eigentlich"! Wenn die Aufgaben nicht zu mir kommen, muss ich zu ihnen gehen und dem Leben in Bequemlichkeit Adieu sagen. Diese Weisheit konnte man wirklich in Stein meißeln!

Wer so von einem Wunsch beseelt ist, bekommt mitunter schneller Antwort als ihm eigentlich lieb ist. Kaum hatte Niewahrnarr sein tägliches Ritual beendet sprach plötzlich eine wohlbekannte Stimme zu ihm. Richtig! Es war Meister Dotter Dotter: „Mein Sohn du bist deinen Weg gegangen, hast viel Gutes getan und in meinem Geiste gewirkt. Dein Wunsch wurde erhört: In einem fernen Land regiert ein schrecklicher Herrscher. Brutaler und grausamer als der Kleine Khan und Zatt Zan Maoam zusammen. Sein Name ist Putenkopf !!! Der Herrscher von Frussland !!!

"Wladimir Putenkopf der Schreckliche." Ein widerliches Subjekt, das sein Volk knebelt, knechtet und jedem den Schnabel verbietet, der nicht für ihn ist! Diese Wesen brauchen Hilfe! Deine Hilfe! Mach dich auf den Weg, zögere nicht und lande dort wo dich der Große Pooark hinschickt." Trotz allen Eifers und blindem Gehorsam wurde Guru Niewahrnarr etwas unwohl. Er sprach zu seinem Meister: " Ist das ferne Land in das ich reise auch gesegnet mit der Pflanze der Weisheit?" „Mein Sohn du zweifelst an der Kraft des heiligen Krautes? Wo immer dich dein Weg hinführt, wirst du soviel davon finden, wie dein Herz begehrt. Ein Putenkopf kann vieles, aber den Hanf vernichten kann er nicht." Guru Niewahrnarr nickte beschämt und fühlte sich sofort besser. Er versprach hoch und heilig den nächstbesten Monsunwind zu bitten ihn dorthin zu tragen wo auch immer Meister Dotter Dotter seinen Schüler hinschickte.

Wenn er mit dem Monsunwind am frühen Nachmittag reisen wollte, musste er sich aber mächtig sputen. Schnell war alles gepackt: Die Krallenbürste, Federgel, Bürzelcreme und 3 Packungen Goldblattblättchen. Aber wo war das Wichtigste? Der heilige Hanfbeutel. Niewahrnarrs Stirn kräuselte sich und aus dem sich kräuseln wurden tiefen Falten. Ohne seine Nervennahrung konnte er doch beim besten Willen nicht reisen. Das erste mal nach langer Zeit wurde der Meister der inneren Ruhe hektisch. Die Zeit drängte, aber der Beutel war nicht dort, wo er immer hing.

Niewahrnarr durchwühlte mit zitterigen Flügeln hektisch seine bescheidenen Habseligkeiten. Der Beutel blieb wie vom Erdboden verschluckt. Völlig verzweifelt, mit klopfendem Herzen ließ er sich ermattet auf sein Meditationskissen fallen und sein Blick sank mutlos zu Boden. Da schaute doch etwas unter seinem Kissen hervor ... Richtig! Niewahrnarr schlug sich mit dem Flügel vor die Stirn und seine Augen leuchteten wieder.

Au weia, da hatte er den Beutel ja selbst vor dem Meditieren drunter geschoben. Augenblicklich klopfte sein kleines Hühnerherz nicht mehr wie verrückt, die Verzweiflung war verschwunden und die zerfurchte Stirn war wieder glatt wie ein Kinderpopo. Hastig wurde der Hanfbeutel noch in den Rucksack gestopft. Nun konnte es endlich los gehen.

Die Monsunwindhaltestelle war gleich um die Ecke. Beschwingten Schrittes erreichte er gerade noch rechtzeitig den Treffpunkt für geheime Monsunwinde und breitete erwartungsvoll seine Flügel aus. Augenblicke später sah er schon die Welt von oben, verschwand zwischendurch in den Wolken, die Winde zerzausten sein schneeweißes Federkleid und die Fahrt wurde immer schneller. Viel, viel schneller, als es unserem Passagier "eigentlich" lieb war. Zu allem Unglück jagte ein Luftloch das Nächste. Niewahrnarr wurde übel, bekam schwarze Kringel vor den Augen und rief verzweifelt: Hilfe, Hilfe!

Trotz der tosenden Winde wurden seine Hilferufe erhört ...Unsichtbare Flugbegleiterinnen reichten dem bedauernswerten Meister eine XXL Spucktüte, drei Glas Regenwasser zum Nachspülen und ein Stück Klopapier zum Schnabel putzen. Niewahrnarr fühlte sich

Guru Niewahrnarr

so als hätte er drei Gigantinos hintereinander auf nüchternen Magen geraucht und danach nicht einmal "Zicke Zacke Hühnerkacke", die Zauberformel gemurmelt. Danach wurde die Fahrt zwar wieder ein wenig ruhiger, aber die schreckliche Flugkrankheit hatte ihre Spuren hinterlassen. Egal, wie weit und steinig der Weg zu Wladimir Putenkopf noch war, jetzt galt es so schnell wie möglich wieder festen Boden unter die Füße zu bekommen. Wer weiß wie viel Luftlöcher noch auf ihn lauerten. Sein Wunsch wurde spontan erfüllt und er landete rein zufällig in der Oase ... "Zur absoluten Stille."

Diesen Ort kannte er doch wie seine eigene Westentasche! Da stand ja auch noch sein alter Bungalow. Das Palmwedeldach war noch mehr eingefallen, aber die Lehmmauern standen noch und es herrschte immer noch diese absolute Stille, die ihn damals so stark werden ließ. Das musste eine göttliche Fügung sein! Das machte frischen Mut! Hatte vielleicht der Große Pooark seine göttlichen Finger im Spiel?

Der Magen knurrte wie wild, die Kehle war ausgetrockneter als die Wüste Gobi. Es war endlich an der Zeit sich um das leibliche Wohl zu kümmern. Frische Datteln und köstliche Feigen hingen wie eh und je pflückfrisch an den Bäumen und goldgelbe Bananen rundeten den Gaumenschmaus ab. Dazu ein kräftiger Schluck frisches Felsquellwasser, was wollte man mehr? Satt und zufrieden mit sich und der Welt saß der Meister vor seiner alten Lehmhütte und begann sich einen wohlverdienten Piccolino zu basteln. Er rollte die Blättchen, bröselte andächtig den Hanf in die Tüte und wollte gerade den Piccolino anzünden, als ihm ein stechender Geruch in die Nase stieg: Es stank! Und wie es stank! Es stank fürchterlich! Igitte Gitte Gack! Es war nicht auszuhalten. Niewahrnarr ließ seinen Piccolino Piccolino sein und steckte den Kopf durch die Hüttentür. Hatte sich in seinem alten Bungalow ein ungebetener Gast versteckt? Vielleicht eines dieser Stinktiere die niemand leiden moch-

11

te? Langsam gewöhnten sich seine Augen an die Dunkelheit und er blickte in zwei angsterfüllte, weit aufgerissene Augen. Es war ein kleiner Schmutzgeier, der seinem Namen mehr als alle Ehre machte. Mit beruhigender, sanfter Stimme sprach der Meister zu dem unglücklichen, schmutzstarrenden Wesen: „Wer bist du mein Sohn? Hab keine Angst! Ich bin ein heiliger Hahn und führe nur Gutes im Schilde. Hast du auch einen Namen?",, Ich kenne meinen Namen nicht, aber alle sagen Puma zu mir", antwortete der verstörte Winzling. Niewahrnarr schmunzelte. Denn dieser Name machte wirklich Sinn. Da konnte nur ein frisches Sandbad helfen! Es wurden sieben an der Zahl, bis endlich aus dem kleinen Stinker ein halbwegs vorzeigbares Schmutzgeierkind wurde. Auch der Gestank hatte sich so gut wie verflüchtigt. Zur Belohnung gab es leckere geröstete Reiskörner, frisches Felsquellwasser und zum Nachtisch Mohrrüben kleingehackt.

So gestärkt war es endlich an der Zeit sich den Piccolino zu gönnen. Kurzfristig verschwand Meister Niewahrnarr in einer blauen Rauchwolke um wenig später wieder gut zufrieden aufzutauchen um aufs Neue zu verschwinden. Dieses Spiel wiederholte sich mehrere Male, bis der Meister ein für sich befreiendes "Zicke Zacke Hühnerkacke" ausrief und einen sehr frischen Eindruck machte. „Puma mein Junge" sprach er, so rein wie dein Federkleid heute geworden ist, brauchst du unbedingt einen neuen Namen! Auch ich hatte früher einen anderen Namen! Vor vielen Jahren lebte ich im fernen Westerwald, war noch nicht erleuchtet und hieß schlicht und einfach "Adolf Pickenäcker". Puma lachte sich kringelig. "Adolf Pickenäcker", ist wirklich ein komischer Name stieß er hervor und japste dabei nach Luft. So gelacht hatte er lange nicht mehr! So etwas wie Adolf hatte er noch nie gesehen. So wollte Puma auch werden und sein früheres Leben für immer vergessen ...
Endlich war die Gelegenheit für Puma gekommen sich einmal

seinen ganzen Kummer von der Seele zu reden. Denn seine leidge-
prüfte Kinderseele hatte schon viel Schlimmes erlebt. Puma hatte
bestimmt einmal einen Namen gehabt. Wie alle Eltern waren Pumas Mamma und sein Papa besonders stolz auf ihren Kleinen und
hatten für ihn einen besonders schönen Namen ausgesucht. Leider
war Puma damals so klein gewesen, das er diesen Namen längst
vergessen hatte. Wäre damals nicht die alte Nachbarin Oma Tanja
so gutherzig gewesen, gäbe es wohl keinen Puma mehr! Und das
kam so...

     Seit vielen Jahren herrschte in dem Land in dem der kleine
Puma geboren wurde ein schrecklicher Diktator. Es war der grausame Wladimir Putenkopf. Jeder der ihm nicht nach dem Schnabel
redete wurde einen Kopf kürzer gemacht, oder wenn der Unglückselige großes Glück hatte, wurde er in die Verbannung nach Sibirien
in einen Gulag geschickt. In Sibirien war es so bitter kalt, das einem
schon einmal der Schnabel und der Bürzel auf einmal zufrieren
konnte. Alle mussten so schwer arbeiten bis sie tot umfielen und im
ewigen Eis verschwanden. Den Hennen ging es nicht viel besser!
Sie mussten in riesigen ungeheizten Baracken mehr Eier legen als
sie konnten. Erfüllten sie diese gnadenlose Norm nicht, endeten sie
auf dem Markt als Hühnerklein im Orient. Der Vorteil von Sibirien
lag in seiner unendlichen Größe! Keiner konnte weglaufen und es
war so bitterkalt, das die gelegten Eier ganz lange frisch blieben
und so besonders für den Export geeignet waren. Alte Hennen die
am gefürchteten Bürzelleiden litten mussten Wollwindeln im XXL
Format mit eingenähtem Naturschwamm im Akkord nähen.
Unglücklicherweise waren Pumas Eltern Regimekritiker, denn sie
konnten einfach ihren Schnabel nicht halten. Sie hielten mit ihrer
Kritik an Putenkopf nicht hinter dem Berg und so kam es wie es
kommen musste: Ab nach Sibirien! Bäume fällen und Eier legen.
Hätten Putenkopfs Schergen nicht den kleinen Puma unter seiner

Wolldecke in seinem elterlichen Strohnest übersehen, würde Guru Niewahrnarr jetzt mutterseelenallein am Lagerfeuer vor seiner alten verfallenen Lehmhütte sitzen. Durch die Liebe und Fürsorge von Pumas Babuschka überstand er diese schwere Zeit seines noch so jungen Lebens. Eines frühen Morgens lag Oma leblos auf dem Boden. Alle Viere von sich gestreckt und mit heraushängender Zunge. Sie war ganz kalt und sagte keinen Mucks mehr. Puma bekam große Angst, rannte Hals über Kopf in das nächste Kornfeld, ließ sich auf den Boden fallen und schlief sofort ein. So ging das tagelang! Rennen, rennen, schlafen, schlafen und er aß das Wenige was auf den Feldern wuchs. Es mussten wohl Wochen und Monate gewesen sein, bis sich Puma sagte: "Bis hierhin und nicht weiter!" Denn Guru Niewahrnarrs alte Hütte war der erste sichere Ort den er auf seinem langen Weg fand. Eine Hütte mit einem kaputten Dach war immer noch besser als im Freien zu schlafen. Und jeder der dann vorbeikam nannte ihn von diesem Tage an: "Puma"

Diese Geschichte hatte den Meister sehr berührt. Jetzt hatte er einen dicken Kloß im Hals und war nicht einmal fähig tröstende Worte zu finden. Obwohl er ja wirklich nicht auf den Schnabel gefallen war! Jetzt versagte ihm seit langem zum ersten Mal die Stimme, dem kleinen Puma kullerten die Tränen nur so die Backen herunter und er schluchzte jämmerlich. Inmitten all dieser Traurigkeit durchzuckte plötzlich ein glänzender Einfall des Meisters erleuchtetes Hühnerhirn. Ein wahrer Meister braucht einen Schüler. So wie Meister Dotter Dotter es ihm selbst vorgelebt hatte. Welch ein Geschenk des großen Pooark. Vor ihm saß sein Schüler und alles würde gut werden. Schnell hatte Niewahrnarr seine Sprache wiedergefunden, fand endlich tröstende Worte und schaute Puma tief in die Augen und sprach: „Möchtest du mein Schüler sein? Mit mir die Dummheit und das Böse bekämpfen? Willst du mir mit Inbrunst meine Piccolinos basteln, die heilige Kraft des Hanfes kennenlernen

14

Jewgehnie

und meine schwieligen Hühnerfüße waschen? Dann nicke mit dem Kopf!"

Sprachlos vor Glück bejahte Puma das Angebot des Meisters mit einem heftigen Kopfnicken. „Dann bekommst du als mein erster Schüler auch einen neuen Namen: Von heute an heißt du nicht mehr Puma, dein neuer Name ist jetzt "Jewgehnie", was soviel heißt wie: Jew, bleib immer bei mir." Die erste gemeinsame Übung des Meisters und seines frischgebackenen Novizen bestand darin sich bequem und gerade hinzusetzen, die Augen zu schließen und die Gedanken fließen zu lassen .

Nach etwa 10 Minuten öffneten sie ihre Augen, ließen ihren Schnäbeln ein besonders langgezogenes Oooooohhhhhmmm entgleiten und alle düsteren Gedanken waren, oh Wunder, wie weggeblasen. Jewgehnie war fasziniert ...

Nach ein paar Tagen der Ruhe und den ersten Einweisungen was Körperpflege und der Waschung von schwieligen Hühnerfüßen betraf, wurde es Zeit die Oase der Stille zu verlassen. Jetzt galt es den beschwerlichen Weg nach Frussland zu finden um Wladimir Putenkopf von den Dämonen des Bösen zu befreien und sein geknechtetes Volk zu retten. Würde es ihm gelingen?

Nach tagelangen Märschen und vielen Pausen erreichten sie die ersten Ausläufer des Hindukusch. Es war Jewgehnie, der dem strammen Wanderschritt seines Meisters nicht immer folgen konnte. Aber es wurde von Tag zu Tag besser. Nachdem unsere beiden Wanderer ein letztes Mal ihre einst so prallen Proviantbeutel plünderten und sich mit getrockneten Früchten und Hirsekörnern gestärkt hatten, begannen sie den beschwerlichen Aufstieg zum Himalaja. Die Winde wurden rauer, die Sicht immer schlechter . Dichter, fetter Nebel machte sich breit. Man konnte den Flügel nicht vor Augen sehen. Plötzlich, in all dem furchteinflößenden Chaos sprach eine nicht unfreundliche Stimme zu ihnen. „Naaa Jungs, keinen Durchblick?" Es war der wüste Gorby. Nicht nur sein Äußeres hatte sich geändert! Nein, auch seine Ängste und Neurosen waren wie weggerubbelt. Als seinerzeit wie aus heiterem Himmel ganz unverhofft der prallgefüllte Kulturbeutel vor seine damals noch ungewaschenen Stinkefüße fiel, hatte das auf einen Schlag sein ganzes Leben verändert. Jetzt war Gorby das wohl gepflegteste Wesen ab 4000 m aufwärts. Seine neuentdeckte Liebe zur Hygiene machte Gorby zu einem erfolglosen Jungunternehmer. Er eröffnete in dieser eisigen Berglandschaft einen Beauty Shop. Waschen, Legen, Krallen schneiden waren seine Spezialität. Allein es fehlte ihm die Kundschaft. Und kam mal wirklich jemand vorbei, dann hieß es immer wieder: Nee, danke das macht meine Frau. Es war wirklich nicht der rechte Ort für einen Schönheitssalon.

Trotz seiner geschäftlichen Schieflage hatte Gorby erstaunlicherweise immer gute Laune und lud unsere Freunde zum Abendessen ein. Das Essen war köstlich. Es gab ein leckeres Körnermüsli und zum Nachtisch frische Eiszapfen mit Felsspaltenmoosaroma. Alle waren satt geworden und es wurde Zeit zum gemütlichen Teil des Abends überzugehen. Erstaunlicherweise konnte Jewgehnie schon nach kurzer Zeit wundervolle Piccolinos bauen. Nur das Rauchen gestattete der Meister seinem Zögling nicht. Langsam aber sicher füllte sich Gorbys Höhle mit blauen Rauchwolken und auch die beiden Nichtraucher brauchten nur tief durchzuatmen und schon waren sie viel fröhlicher als vor dem Essen. Sie gibbelten um die Wette und Gorby erzählte pausenlos Himalayawitze: „Kommt ein Schneemann zum Arzt ...“

Nur der Meister war wie immer cool bis in die Krallenspitzen. Schmunzelnd hörte er zu und als sie sich endlich beruhigt hatten, fragte er Gorby: „Kennst du Wladimir Putenkopf? Wir suchen ihn.“ „Ja! Er war noch nicht hier oben, aber es kamen schon viele unglückliche Wesen auf ihrer Flucht über die Berge vorbei.

Gorby

Das Grauen stand ihnen in den Gesichtern geschrieben und manche schrieen sogar im Schlaf . Jeder hat Angst vor diesem Teufel auf zwei Putenbeinen. Hier werdet ihr das Scheusal aber nicht finden. Ihr habt euch verlaufen! Ich kann euch aber einen Weg zeigen, denn überall sind Grenzkontrollen. Aber über einen kleinen Umweg durch Kirgisistan ist es möglich einen sicheren Weg nach Frussland zu finden. Aber den zeige ich euch morgen. Lasst uns schlafen." Niewahrnarr lächelte milde, ließ zur Feier des Tages ein besonders sanftes Gute Nacht Oooohhhmmm erklingen und steckte wie Jewgehnie den Kopf unter den Flügel. Gorbys Kopf verschwand zwischen seinen zotteligen Knien und er schnarchte, als wäre er allein zu Haus.

Am nächsten Morgen gaben sie sich noch ein wenig verschlafen dem Frühsport hin, frühstückten ausgiebig und machten sich so gestärkt auf den Rückweg in die grünen Steppen Kirgisiens. Von Gorby bekamen sie noch die versprochene Beschreibung zur sicheren Umgehung der Kontrollposten und Guru Niewahrnarr schenkte dem erfolglosen Jungunternehmer zum Abschied eine seiner vielen Weisheiten, die er irgendwo aufgeschnappt hatte und nicht für sich behalten konnte:

> „Das sind die Weisen,
> Die durch Irrtum zur Wahrheit reisen
> Die bei dem Irrtum verharren
> Das sind die Narren."

Gorby fand diese Zeilen sehr beeindruckend und versprach hoch und heilig demnächst ernsthaft über ein neues Geschäftsmodell nachzudenken ... Vielleicht ein Eissalon? Aber wer kauft sich ein Eis, wenn er nur am Gletscher lecken muss? Sie verabschiedeten sich und wünschten einander alles erdenklich Gute. Guru

Niewahrnarr und sein frischgebackener Novize machten sich nun auf den beschwerlichen Abstieg. Sie tapsten und stolperten durch die eisige, nebelverhangene Bergwelt. Fielen pausenlos hin und kullerten schneebedeckte Abhänge hinunter. Rutschten auf dem Bürzel endlos lange Schneewehen hinunter und waren heilfroh, das sie fast unbeschadet diesen Abstieg überstanden hatten. Der Berg hatte allerdings auf ihren Bürzeln Spuren hinterlassen: Die waren feuerrot und brannten wie die Hölle. Mit einer selbstgemachten Moossalbe ließ das Brennen aber schnell wieder nach. Hauptsache sie hatten wieder festen Boden unter ihren Füßen. Wie hatte Gorby noch prophezeit? Der Berg sagt: "Der Abstieg wird schlimmer, als der Aufstieg!" Der Berg hatte nicht gelogen! Jetzt war es aber an der Zeit dem Großen Pooark für seine unendliche Güte zu danken und das zu genießen, was sich ihren Augen darbot: Saftiges grünes Gras soweit das Auge reichte! Goldgelbe Kornfelder gespickt mit leuchtend rotem Klatschmohn und blauen Kornblumen. Aber das war ja noch gar nichts gegen die bunte Vielfalt der übermütig in der Luft tanzenden Schmetterlinge. Das alles roch so wundervoll nach dem wahren Leben und tat nach all dem Eis und Schnee doppelt gut. Auch das ausgelassene Spiel der Murmeltiere trug zur heiteren Stimmung bei. Aller guten Laune zum Trotz: Die Mägen knurrten und gaben recht sonderbare Laute von sich. Hunger machte sich breit. Es wurde Zeit sich um das leibliche Wohl zu kümmern. Der Meister befeuchtete seine rechte Flügelspitze, hielt sie in den Wind und zeigte nach Norden. Da geht es lang entschied er und sie zogen los ...

Kirgisien war da, wo unsere beiden Wandervögel unterwegs waren ein fast flaches Land mit klarer Fernsicht und so kamen sie bedeutend schneller voran, als in den nebligen Bergen des Himalaya. Ein bisschen Steppengras und Morgentau zum Durst löschen musste fürs erste reichen, die grollenden Mägen zu besänftigen.

Plötzlich wurde es laut: Aus dem Kornfeld tauchten 3 ziemlich betrunkene Warzenschweine auf, die sich kaum noch auf den Beinen halten konnten. Die Saufbrüder grölten wüste Schweinelieder, hielten inne und lallten: „Hasse Schnaps"? Der Meister schüttelte mit dem Ausdruck des Bedauerns den Kopf und fragte die Schweine nach einem Gasthof. „Jau , immer weiter nach Osten, aber Happy Hour ist erst wieder nächste Woche." Dann lachten sie wie blöde, hakten sich unter, zogen weiter und grölten wieder ihre dümmlichen Lieder...

Guru Niewahrnarr nahm die Warzenschweine zum Anlass, Jewgehnie über die schreckliche Wirkung des Alkohols aufzuklären. Wie wohltuend war doch die Heilkraft des Hanfes. Sein Schüler bastelte fix einen tadellosen Piccolino und schaute fasziniert dem Meister zu, wie ihn der Rauch einhüllte. Nach einem abschließenden "Zicke Zacke Hühnerkacke" und einem sanften Ooohhhmm schauten sie verzückt der untergehenden Abendsonne zu und steckten die Köpfe unter die Flügel. Aber nicht bevor der Meister Jewgehnie noch eine Weisheit mit in den Schlaf gab ...

> „ Erfahrung ist wie eine Laterne
> im Rücken; sie beleuchtet stets
> nur das eine Stück Weg, das wir
> bereits hinter uns haben"

Jewgehnie nickte stumm. Dann wurde es dunkel ...

Am nächsten Morgen brachen sie frühzeitig mit knurrendem Magen auf und waren gerade einmal ein paar Stunden unterwegs, da sahen sie am Horizont einen dunklen Schatten. War es ein kleiner Berg, oder der langersehnte Gasthof ? Sie beschleunigten ihre Schritte und dann war es geschafft: Es war der Gasthof "Zum fröhlichen Maiskolben". Eine Filiale des mexikanischen Hühnerbarons

El Lobbo. Der alte Gauner war bekannt für kleine Preise, üppige Portionen inklusive eines Freigetränks. Danach wurde aber allen Gästen, die gierig die fettigen Maiskolben verschlangen, so schlecht das es ihnen dreckig ging. Sie bekamen postwendend die berüchtigte Maiskolbenkrankheit und mussten sich in der hauseigenen Apotheke teure Medikamente kaufen um wieder einigermaßen auf die Beine zu kommen. Hinter dieser kriminellen Maiskolbenkette steckte der zweitälteste Sohn der McGack Familie. Seine Käseklopskette in Papua Neuguinea hatte er aus rein hygienischen Gründen in den Sand gesetzt. Er verleugnete seitdem seine schottischen Wurzeln und gab sich jetzt als mexikanischer Hühnerbaron aus. Er war wirklich mehr als ein verrücktes Huhn!

Der Meister und sein Schüler bestellten gedünsteten Maiskolben in Schilfgras gerollt. Tranken aus kleinen Tonschalen Quellwasser, verzichteten auf eine zusätzliche Portion und lehnten auch das Gratisgetränk ab. Sie hatten den Braten gerochen und sagten sich: "Ein voller Bauch wandert nicht gern!" Das Essen bezahlte der Meister mit zwei fernöstlichen Weisheiten ...

"Besser, das der Mensch auf den Mais wartet,
als der Mais auf den Menschen"

Dann gab der Meister noch eine Gratiszugabe, obwohl es mehr schlecht als recht geschmeckt hatte.

"Gewöhnlicher Mais als Nahrung,
ein Schluck Wasser als Trunk,
den gebogenen Flügel als Kissen,
auch dabei kann man fröhlich sein.
Ungerecht erworbener Reichtum
sind für mich nicht mehr als

El Lobbo

dahinziehende Wolken."

Der Geschäftsführer, ein griesgrämiger Kohlegeier, runzelte die Stirn, bekam einen feuerroten Kopf und kreischte: Raus, raus ... raus ... Die Fremdlinge hatten ihn durchschaut!

Bevor sie aufbrachen fragten sie noch einen Gast, ob er Wladimir Putenkopf kenne. Der Gefragte wurde leichenblass, krächzte Pssst, Pssst, legte den Flügel auf den Schnabel und fiel ohnmächtig hintenüber ...

Wenn die Angst so groß war, konnte Putenkopf nicht mehr weit sein! Satt geworden, den Durst gestillt so brachen die Beiden schnell wieder auf, denn richtig gastlich war es im „Maiskolben" nicht gewesen. Dafür war alles kostenlos!

Als sie endlich dem "Fröhlichen Maiskolben" den Rücken kehrten fiel Niewahrnarr plötzlich die alte Fahnenstange mit der völlig zerfledderten blau-weiß-roten Fahne der Carcassonnier auf. Da lagen ja auch die goldenen 36 Blechsterne, auf die der Maitre so stolz gewesen war. Die Farbe war längst abgeblättert und der Rost hatte kräftig an ihnen genagt. Richtig! Sie hatten, ohne es zu wissen im "Cheval a Bascule" gegessen! Ein Glück das Maitre Bosscuse nichts davon wußte. Sein ehemaliger Gaumentempel war zu einer üblen Kaschemme verkommen, die noch nicht einmal einen halben Stern verdient hätte. Wie traurig! Bedrückt zogen sie weiter, ohne sich noch einmal umzusehen.

Das nächste Ziel hieß Kasachstan und obwohl sich ihre Stimmung immer noch nicht gebessert hatte kamen sie doch schneller voran als erhofft. Auch die lästigen Kontrollposten waren viel leichter zu umgehen als befürchtet. Schon von weitem konnte man die ständig aufsteigenden blauschwarzen Rauchwolken sehen. Denn vor jedem Postenhäuschen war ein großer Grill aufgebaut, der Tag und Nacht qualmte und nie kalt wurde. Die Kasachen waren nämlich leidenschaftliche Fleischfresser. Irgendwann werden auch die Füße der tapfersten Wanderer müde. Unterschlupf bot ihnen eine alte verlassene Schäferhütte. Guru Niewahrnarr ließ sich noch wie üblich seine schwieligen Hühnerfüße waschen und schlief dabei auf der Stelle ein. Kein Piccolino, kein Rauch, kein Ooohhhmmm. Jewgehnie konnte nicht einschlafen. Auch er war hundemüde, doch in den letzten Tagen war soviel passiert, das ihm tausend Gedanken durch den Kopf schwirrten. Alles was der Meister tat wollte er auch lernen. Gedankenverloren schaute er in den sternenklaren Nachthimmel. Ganz deutlich sah er den großen Wagen, den großen Bären und all die anderen unzähligen Sterne am nachtschwarzen Himmel. Ein Gedanke spukte ständig in seinem kleinen Geierhirn herum. Sollte er es wirklich wagen sich trotz des strikten Verbotes des Meisters einen Piccolino zu bauen? Vielleicht würden dann all die Sterne noch mehr funkeln und glitzern. Würde sein Geist dann auch erleuchtet? Aber was sagte der Meister immer nach dem Rauchritual? War es Zacke Zicke Hühnerkacke? Oder war es Zacke Zacke Hühnerkacke? Oder doch Zicke Zacke Hühnerkacke? Jewgehnie war verwirrt! Das war sein Glück, denn das mit dem Piccolino hätte dem Meister bestimmt nicht gefallen und ihm einen Menge Ärger eingebracht. Sein Schüler seufzte, steckte den Kopf unter den Flügel, schlief ein und träumte in dieser Nacht von riesigen Gigantinos, die so groß waren, das kein Huhn der Welt diese hätte rauchen können ... Es war ein einziger Albtraum!

Am nächsten Morgen, Guru Niewahrnarr war frühzeitig mit den "Hühnern" aufgestanden und holte seine gestrigen versäumten Meditationsübungen nach, ging es Jewgehnie schlecht. Ihn plagten heftige Gewissensbisse, das er es gewagt hatte mit dem Gedanken gespielt zu haben das Rauchverbot seines Meisters zu brechen. Mit hängenden Flügeln und gesenktem Haupt bereitete er demütig ein karges Frühstück aus frischen Löwenzahnblättern, Butterblumen und Weinbeeren zu.

Schweigend nahmen sie gemeinsam ihr Frühstück zu sich und dankten dem Großen Pooark für seine unendliche Güte. Jewgehnie setzte dem Schweigen schließlich ein Ende und sprach ...

„ Meister, ich bin noch ein Neuling.
Zeig mir den Weg!
Der Meister fragte ihn:
Hast du gefrühstückt?
Ja!
Dann gehe und spüle die Essschale aus!"

Das waren eindeutige Worte und der Schüler tat wie ihm der Meister geheißen. Damit war der Fall erledigt. Jetzt galt es sich wieder zu konzentrieren und den Weg zu finden, der sie an das Ziel ihrer Reise führte: Zu Wladimir Putenkopf ! Sie brachen auf und gingen immer stur nach Norden.

Drei stramme Tagesmärsche brachten die Beiden gut voran. Überall in der Steppe standen große Plakate von verwegenen Reitern und Pferden mit Schaum vor dem Maul. Es war wieder einmal so weit ... Die alljährlichen Reiterfestspiele von Karaganda fanden statt. Alles war da, was Rang und Namen hatte! Und es wurde wieder gewettet, gefeiert und getrunken bis die Schwarte krachte. Aber nur einer konnte gewinnen! Wer würde diesmal der strahlende Sieger sein?

Wenn man den Kennern der Szene glauben durfte waren Kimi Poarkonen der Nordländer und Onno Breitschwanz der Oldenburger Sumpfbiber in diesem Jahr wieder ganz vorn mit dabei. Denn der betrügerische Starjockey Mischa Poarkjanow durfte wegen Dopings nicht starten. Jewgehnie war fasziniert von all dem bunten Treiben, den rassigen Pferden und den bunten Seidenblousons der Jockeys. Das sah sein Meister allerdings mit ganz anderen Augen. Jubel, Trubel, Heiterkeit, das war nicht seine Welt! Das alles lenkte nur vom rechten Weg ab. Aber er fand auch, das sich Jewgehnie bis dahin recht gut gehalten hatte und heute abend wollte er ausnahmsweise, weise wie er war, einmal beide Augen zudrücken ...

Plötzlich, wie aus heiterem Himmel versperrte ihnen ein dürres Vogelwesen den Weg . Es war ein afghanischer Knochengeier. Er sprach zum Meister: „Ich heiße Massut und gehöre zum stolzen Stamm der Paschtunen. Dich heiliger Hahn möchte ich um deine Hilfe bitten! Denn ich habe all mein Geld auf Onno Breitschwanz den Biber gesetzt. Hilf mir bitte und bewahre mich vor dem Zorn der Götter und dem meiner Frau! Ich bin spielsüchtig und bereue! Bitte befreie mich von meinem Laster. Zum Dank für deine Güte stifte ich dir und deinem Jünger diesen prall gefüllten Beutel mit Goldenem Afghani Premiumhanf, den meine Frau und meine Kinder im Schweiße ihres Angesichts geerntet haben." Entrüstet wollte der Meister den Beutel des Spielsüchtigen ablehnen, da wurde er schwach. Lass mal schnuppern! Und schon verschwand sein Kopf komplett in dem prallgefüllten Leinenbeutel. Als er wieder auftauchte, hatte Guru Niewahrnarr leuchtende Augen und jede Menge Sabber am Schnabel. Gütig mit fester Stimme sprach er: „Massut, mein Sohn , die Götter lieben dich, sie werden dich von deinem Laster heilen!" Ooohhhmmm ...

Glückselig vor lauter Dankbarkeit verschwand Massut in der Dunkelheit. Der Meister schulterte den Hanfbeutel und mahnte zum Aufbruch. Sie bahnten sich ihren Weg durch die wild feiernde Menge, durchschritten das unbewachte Stadttor und nach und nach verebbte der Lärm von Karaganda.

Sie fanden eine verwaiste Hütte, machten ein Lagerfeuer, lauschten der Sprache des Windes und schauten stumm in die tanzenden Flammen. Endlich öffnete der Meister seinen Schnabel: „Mein Sohn, bau mir einen Piccolino". Jewgehnie schluckte! Noch nie hatte sein Meister ihn so genannt. War das ein Zeichen? Vielleicht durfte er heute Nacht auch mal vom Piccolino kosten. Sorgfältig wie immer klebte der Schüler Blättchen an Blättchen, bröselte den kostbaren Premium Afghanie hinein, verschloss die Tüte kunstfertig mit einem kleinen Hütchen und reichte sie stolz seinem Gönner.

Niewahrnarr ließ den prachtvollen Piccolino einmal durch die linke Flügelspitze rollen, dann durch die rechte betrachtete das kleine Kunstwerk von allen Seiten, nickte zustimmend mit dem Kopf und sprach: „Du bist ja ein richtiger Weltmeister!" Jewgehnie bekam einen feuerroten Kopf und platzte fast vor Stolz. Schmunzelnd entzündete sein Meister den Piccolino, nahm vorsichtig das Hütchen ab pustete einmal auf die Tütenspitze und tat den ersten tiefen Zug.

Heureka was für ein Kraut! Niewahrnarr hatte es seit Meister Dotter Dotters Rauchgelübde nie an gutem Premiumhanf gemangelt. Aber dieses Paschtunenkraut hatte es wirklich in sich! Potz Blitz! Das haute selbst das stärkste Warzenschwein von den Beinen. Natürlich konnte Jewgehnie nicht um die Stärke und Wirkung dieses goldenen Premium Hanfes wissen! Woher auch? Er war doch des Rauchens nicht kundig . Was sich aber in dieser Nacht vor seinen Augen abspielte spottete jeder Beschreibung ...

Gleich nach dem ersten Zug fing der Meister an zu kichern, stieg wie von Geisterhand in die Luft, schwebte circa 30 Zentimeter über dem Steppenboden und krähte aus voller Kehle: "Ohhh du schööööner Weeesterwald über deine Höööhen pfeift der Wind so kalt ...
Weiter kam er nicht. Der nächste Kicheranfall ließ ihn wieder zu

Jewgehnie und Guru Niewahrnarr

Boden plumpsen, worauf er sofort wieder an dem Piccolino lutsch-te. Kaum hatte der Gierhals hastig den Rauch eingesogen, verdrehte er die Augen stieg diesmal bestimmt 45 Zentimeter in die Luft und grölte mit verzücktem Gesicht und schon heiserer Stimme: "Adel-heid, Adelheid schenk mir einen Gartenzwerg, Adelheid, Adelheid ... dann krächzte er noch ... mit ner Zipfelmütze und stürzte erneut zu Boden. Es war zu krass! Jewgehnie war zutiefst erschrocken. Was war mit seinem Meister los? So lustig wie es eben noch aus-sah, aber jetzt machte sich sein Schüler große Sorgen. Nicht einmal die Zauberformel hatte er gesprochen. Da lag er nun ausgestreckt auf dem Rücken, die dünnen Hühnerbeine ragten in den schwarzen Nachthimmel und das Licht des Lagerfeuers warf bizarre Schatten. Es war eine Nacht die wohl gefühlte drei Tage dauerte. Jetzt wäre doch eine gute Gelegenheit auch einmal am Piccolino zu ziehen. Unsicher schaute er auf den besinnungslosen Meister und dachte sich: "Springe nie in einen Vulkan, der noch kocht!" Nein, es war wohl wichtiger dem Meister wieder auf die Beine zu helfen, als egoistische Wünsche im Kopf zuhaben. Jetzt half nur eine Schna-bel zu Schnabel Beatmung. Verbunden mit einer kräftigen Herz-massage. Jewgehnies Herz klopfte wie wild und er schwitzte wie eine Wasserratte beim Treppeputzen. Er knetete und knetete den Brustkorb des Hilflosen bis die Federn stieben und die Pumpe wie-der schlug. Endlich schlug der Meister die Augen auf und seinem Schnabel entglitt ein zitteriges "Zicke Zacke Hühnerkacke"...
Es war geschafft! Gelobt sei der Große Pooark! Der Meister lebte. Wenn auch noch ein bisschen wackelig auf den Beinen, aber sein Hühnerhirn schien wieder zu funktionieren ...
Sie gingen im Morgengrauen wie selbstverständlich zur Tagesordnung über. Es wurde meditiert, ein Ooohhhmm jagte das andere, gönnten sich ein Sumpfgrasmüsli und siehe da, Guru Niewahrnarr war wieder frisch wie eh und je, so als wäre nichts

passiert. Frisch gestärkt und guter Dinge brachen sie auf zu ihrem nächsten Etappenziel. Zum Aralsee war es noch ein weiter Weg .

Die Sonne schien vom blauen Himmel, die schwieligen Hühnerfüße waren blasenfrei und weit und breit keine Grenzkontrollen. Was wollte man noch mehr? Ganz Kasachstan hatte an diesem Tag nur eines im Kopf: Den "Großen Preis von Karaganda". Um die Mittagszeit, die Sonne stand am höchsten, fanden sie mitten in der Steppe einen großen schattigen Baum, der zu einem wohlverdienten Päusken einlud. Sie machten es sich bequem, tranken ein wenig aus ihren Wasserschläuchen, dösten vor sich hin, dann schliefen sie ein. Es war eine echt harte Nacht gewesen. Wenn auch die Erinnerung beim Meister recht schwammig war. Dem Großen Pooark sei Dank! Plötzlich wurden sie unsanft geweckt! War es die Grenzpolizei? Nein, es war Nanünana, die alte Klatschschlange. Die hatte den Hof des Kleinen Khan fluchtartig verlassen und sich schnell aus dem Staub gemacht, als ihr zu Ohren kam das der Unhold neue Schlangenlederschuhe begehrte. In Gelb mit roten Punkten! Seitdem war sie Tag und Nacht auf der Flucht. „Naaa ihr Beiden, habt ihr euch verlaufen?" „Nöö" antwortete Niewahrnarr. „Wir sind auf dem Weg nach Frussland und suchen einen gewissen Wladimir Putenkopf." „Oh Gott oh Gott" zischelte Nanünana und wurde kreidebleich. „Das ist ein Freund vom Kleinen Khan und genau so grausam. Vielleicht noch schlimmer! Vor zwei Tagen erst war er zu einem Staatsbesuch in der Verbotenen Palisadenstadt.

Da wurden Gefangene geviertelt und gerädert. Ein grauenvolles Gemetzel! Es war das Gastgeschenk für Putenkopf und beide haben sich prächtig amüsiert." „Was wollt ihr denn von ihm? Kein Wesen bei klarem Verstand sucht seine Nähe. Nehmt ihr etwa Drogen?" Dabei bediente sie sich wie immer der altbewährten Gartenschlauchtechnik, richtete sich auf, nahm eine wiegende Haltung ein und blickte prüfend in die Runde. Guru Niewahrnarr und Jewgehnie schauten sich verdutzt an, ignorierten die Frage und erzählten von ihrem Gelübde Frussland von Wladimir Putenkopf zu befreien. Wie das gehen sollte wussten sie selbst noch nicht, doch bis sie ins Herz der Macht nach Zetersburg am Finnischen Meerbusen kamen, war es noch ein weiter Weg.

„Hat Putenkopf trotz seines miesen Charakters auch eine Schwachstelle? Mädels, Alkohol, Drogen oder so?" „Nöö, nicht das ich wüßte. Er raucht nicht, trinkt nicht, keine Mädels! Dafür jagd er Bären, reitet den Tiger und legt gerne Schwächere aufs Kreuz. Und trifft er doch einmal einen der stärker ist als er, dann lässt der ihn zähneknirschend gewinnen. Sonst müsste er wahrscheinlich ein Leben lang in Sibirien Holz hacken. Aber warte mal, eine schwache Stelle hat er doch: Eier! Er sammelt Eier! Wer ihm das größte Ei der Welt bringt, dem schenkt er das Alaskaland samt Eisbären, Kegelrobben und Kegelbahnen. Wartet mal, da fällt mir noch etwas ein! Er hat doch noch eine Leidenschaft für die er notfalls sterben würde: Wackelpudding! Am liebsten mit Waldmeistergeschmack." „Immerhin", murmelte der Meister. „Das ist doch was! Aber vielleicht versuchen wir es mal mit dem kleinsten der kleinsten Eier. Es müsste ein Ei sein, das so winzig war, das man es nicht sehen konnte."

Nanünana versprühte keine Zuversicht was Eier und Wackelpudding anging. Den beiden komischen Vögeln wie sie den Meister und seinen Schüler nannte wünschte sie viel Glück für ihren verwegenen Befreiungsplan. Wie konnte man nur? Dann schlängelte sie sich lautlos durch das hüfthohe Steppengras davon.

„Was meinst du Meister", fragte Jewgehnie. „Gibt es denn wirklich Eier, die so klein sind, das man sie nicht sehen kann?" Niewahrnarr öffnete vorsichtig seine rechte Flügelspitze und hielt sie seinem ungläubigen Schüler unter den Schnabel. „Siehst du das kleinste Ei der Welt?" „Nein Meister, ich sehe nichts!" „Na also,

Nanünana

du siehst das kleinste Ei der Welt nicht! Dabei hast du so scharfe Geieraugen". Jewgehnie dachte scharf nach. Im Flügel des Meisters lag das kleinste Ei der Welt und er sah wirklich nicht die Spur von einem Ei. Dann würde Wladimir Putenkopf dieses Ei ja auch nicht sehen können. Das sah Jewgehnie ein. Denn er vertraute seinem Meister blind und würde ihm überall dort hin folgen bis sie das getan hatten, was zu tun war ...

Jetzt wurde es aber Zeit zum Aralsee aufzubrechen. Wieder dauerte es einige Tage bis sie das Ufer des Aralsees erblickten. Und hätten die beiden Wandervögel nicht unterwegs einen freundlichen Esel getroffen, der viel Zeit und noch mehr Langeweile hatte, wären sie bestimmt noch einige Zeit länger unterwegs gewesen. So aber saßen sie gemütlich auf dem Grautierrücken, genossen die Schönheit der Landschaft und schonten ihre Füße. Attila der Esel war ausgebüxt weil er keine schweren Heuballen mehr schleppen wollte. Arbeitslos und ohne ein sinnvolles Hobby wollte er sich nun selbstständig machen und ein Taxiunternehmen gründen. Niewahrnarr und Jewgehnie waren zufällig seine ersten Kunden und aus diesem Anlass waren sie eingeladen . Ab und zu hob Jewgehnie ab schraubte sich in die Lüfte, drehte übermütig ein paar Loopings, stieg immer noch höher in den blauen Himmel um dann wieder im rasanten Sturzflug zurück zur Erde zu stürzen. Attila war sehr beeindruckt.

Am Ziel angekommen verabschiedeten sie sich, bedankten sich herzlich und wünschten sich gegenseitig alles Gute. Ohne sich einmal umzusehen, aber mit vielen weithin hörbaren Iiiaaahhhhs trottete er wieder zurück und verschwand schließlich am Horizont. Plötzlich stieg ihnen ein köstlicher Geruch in den Schnabel. Es roch nach gegrillten Regenwürmern! War etwa Bosscuse in der Nähe? Nein, es war nicht der Maitre! Es war Olga Quarklowa, die Königin der Regenwurmvariationen. Sie kochte seit 39 Jahren die herrlichsten Gerichte in ihrer kleinen, aber feinen Imbissbude am Südufer des Aralsees. Olga, eine Babuschka wie sie im Buche stand, hielt große Stücke auf den Proteingehalt von Regenwürmern und hatte diesen nahrhaften Kriechtieren mehr als ihr halbes Leben gewidmet. Das schmeckte man!

Als Warzenente war Olga besonders empfindlich gegen strenge Kälte. Sie schützte sich gegen Eis und Schnee durch ein wollenes Kopftuch und dicke Filzstiefel, was sie allerdings beides das ganze Jahr über trug. Sie winkte den beiden Fremdlingen freundlich zu und lud sie zu einer Kostprobe ihrer Kochkunst ein. Nach so langer Zeit wieder eine warme Mahlzeit, das war in der Tat großartig. Sie ließen es sich zu Olgas Freude schmecken und lobten zu Recht ihre Kochkünste in den höchsten Tönen. Olga strahlte! „So ihr Beiden, ihr seid ja richtige Glückspilze, denn heute serviere ich zum Nachtisch grünen Wackelpudding..."

Niewahrnarr traute seinen Ohren nicht! Wackelpudding! Hatte er da gerade Wackelpudding gehört? Da staunten sie nicht schlecht. Vor ihren Augen standen zwei Portionen grüner Wackelpudding mit Waldmeistergeschmack, der sich gar nicht beruhigen wollte. Die glibberige Masse wackelte hin und her so dass einem allein schon vom Zuschauen das Wasser im Schnabel zusammen lief. Nachdem sie gekostet hatten konnten sie Wladimir Putenkopf gut verstehen. In diesem Punkt hatte der Barbar einen wirklich guten Geschmack, aber der sollte ihm noch teuer zu stehen kommen. Wir würden gerne lernen, wie man diese göttliche Speise zubereitet, denn niemals zuvor aßen wir so etwas Leckeres. Die alte Babuschka fühlte sich geschmeichelt und war gern bereit, ausnahmsweise aus dem Nähkästchen zu plaudern. „Ihr nehmt drei Liter feinstes Quellwasser, gebt 15 Löffel Zucker hinzu und pro Liter 250 Gramm fein gemahlene Knochenmarkgelantine vom Yak. Das ganze Gebräu dann sorgfältig umrühren, den Sud vom vorher abgekochten Waldmeister dazugeben und kurz aufkochen. Dann schüttet ihr alles in eine bereitgestellte Form und lasst es in aller Ruhe abkühlen." „ Darf man da noch andere Zutaten hinzufügen?" „Was ihr wollt!" „ Auch die Pflanze der Erleuchtung?" „ Auch die! Aber seid vorsichtig mit dem Kraut, sonst geht ihr ab durch die Decke und kommt nicht mehr zurück." Ganz spontan und ohne Vorwarnung hatte der Meister eine Eingebung. "Wir schießen Putenkopf auf den Mond." „Und das Ei," fragte Jewgehnie. „Was wird aus unserem Ei?" „Das darf er von mir aus mit nach oben nehmen..."

Gut gesättigt und mit dem so wichtigen Wackelpuddingrezept im Kopf verließen sie Olga und den Aralsee. Allerdings nicht ohne sich mit einem besonderen Dankeschönlied von ihrer großzügigen Gastgeberin zu verabschieden. Am Südufer des Aralsees erklang die alte Seemannsweise: "Ick heff mol en Hamburg en Viermaster sehn, to my hoodah, de Masten so scheep as den Schipper sien Been" ... Olga war beeindruckt! Zur Belohnung gab es noch zwei Portionen frischen Regenwurmauflauf als willkommene Ergänzung zum Reiseproviant. Schon beim Einpacken lief ihnen das Wasser im Schnabel zusammen. Dann herzten und drückten sie sich ein letztes Mal und winkten einander solange zu bis sie sich aus den Augen verloren ...

An diesem Tage schafften sie fast die geplante Wegstrecke, die sie sich vorgenommen hatten. Jetzt wurde es aber Zeit eine Pause einzulegen, zu meditieren, einen Piccolino zu rauchen und neue Kraft zu schöpfen für all die Abenteuer die noch auf sie warteten. Jewgehnie baute wie ihm geheißen einen Piccolino, füllte nur ein Drittel von dem afghanischen Teufelskraut in die Tüte und reichte sie seinem Meister. Dieser nickte ihm wohlwollend zu, nahm einen tiefen kräftigen Zug und war danach offenbar entspannter als jemals zuvor. Der Meister war zufrieden! Jewgehnie war zufrieden! Was sollte da noch schief gehen?

An diesem Abend war an Schlaf nicht zu denken. Das Lager-

Olga

feuer wärmte die müden Glieder, der Regenwurmauflauf war köstlich, am Horizont verschwand in malerischen Farben die Sonne und das Afghanenkraut hatte des Meisters Hirn erfrischt!

So sprach er zu seinem Zögling: „Was hast du heute gelernt?" Jewgehnie überlegte nicht lange, dachte an Olgas leckeren Regenwurmauflauf und antwortete: „Was das Auge erfreut, das sättigt den Magen". Diesmal schmunzelte Meister Niewahrnarr nicht! Nein! Er kicherte wie ein kleines Kind und konnte gar nicht mehr aufhören. Unsicher schaute der Schüler seinen Meister an. Hatte er etwas Dummes gesagt? „ Nein, das war ein sehr schöner Satz," beruhigte ihn sein Gönner. „Den werde ich mir ganz bestimmt hinter die Ohren schreiben, aber richtig heißt es: Was das Auge erfreut, erfrischt den Geist!" Jewgehnie nickte stumm, war aber doch ein bisschen stolz, dass er auf dem richtigen Weg war. „ Meister darf ich dir eine Frage stellen?" „ Nur zu," ermutigte dieser ihn gutgelaunt. „Warum bist du viel klüger als alle anderen Wesen?" Guru Niewahrnarr fühlte sich gebauchpinselt, errötete leicht, was aber im Schein des Lagerfeuers unterging. „ Tja, mein Lieber unser Gehirn ist voller Geheimnisse und weil es so empfindlich, so kostbar ist, benutzen es die meisten Lebewesen nicht so gerne ... Sie haben einfach große Angst ihr Gehirn könnte allzu schnell kaputt gehen. Dabei ist es unkaputtbar. Stell dir einfach vor in deinem kleinen Geierkopf sitzt ein riesengroßes Bienenwabennest mit ganz, ganz vielen kleinen Waben in denen unsere Gedanken und alles im Leben Gelernte aufbewahrt wird. Wenn wir irgendwann wieder etwas von dem gespeicherten Wissen brauchen, dann öffnen wir die Waben und die Worte fließen uns leicht und flüssig aus dem Schnabel. Du musst nur immer lernwillig sein und eines Tages wird auch dein Geist erleuchtet sein und du wirst die Kraft haben viel Gutes zu tun. Aber es braucht viele Jahre der Demut!" Ooohhhmmm ...

Das leuchtete seinem Schüler ein. Es war faszinierend all diese phantasievollen Beispiele aus dem Schnabel seines Meisters zu hören. Seine eigenen Gedanken schwirrten wie ein aufgescheuchter Bienenschwarm in seinem Kopf herum. Das mit den Bienenwaben musste stimmen! Würde er auch so weise werden, wenn er endlich von der Pflanze der Erleuchtung kosten dürfte ...

Nach dieser Nacht wurde nicht daran gedacht früh aufzustehen! Nein, es wurde ausnahmsweise mal ausgeschlafen und der Frühsport verdiente seinen Namen nicht! Nach einem kargen Frühstück mit Kleesalat und Brennnesseltee waren sie wieder bester Dinge. Voller Zuversicht das selbstgesteckte Tagesziel doch noch zu erreichen, machten sie am späten Nachmittag ein kleine Pause an einem Fluss um sich ein wenig ihre Füße zu kühlen. Sie fanden am Ufer ein herrenloses, von Spinnweben bedecktes Floß, das sie seeklar machten und damit gemütlich auf dem Wasser in Richtung Norden fuhren. Der Fluss war der Amu-Daiva der Guru Niewahrnarr und Jewgehnie zu dieser Spazierfahrt eingeladen hatte. Der Amu-Daiva war auf dem Weg nach Astrachan am Kaspischen Meer, wo er sich mit Mütterchen Wolga zum Wellenmachen treffen wollte. So schipperten sie tagelang gemütlich dahin, schonten ihre Füße, ergötzten sich am Anblick der lieblichen Landschaft und dem übermütigen Spiel der Wellengeister. Nur gut das Olga ihnen soviel schmackhaften Regenwurmauflauf mitgegeben hatte. So waren sie reichlich versorgt und brauchten nicht einmal anzuhalten. Aber irgendwann hat jede Reise mal ein Ende ...

Von weitem sahen sie schon die hohen Festungstürme von Astrachan im Schein der untergehenden Sonne leuchten. Eingetaucht in das glühende Abendrot, sahen sie recht bedrohlich aus. Guru Niewahrnarr murmelte: "Aufenthalt im fremden Land mehrt und kräftigt den Verstand!" Sie dankten dem Großen Pooark für die angenehme Reise und hopsten an den Strand. Allzugern hätte sich Jewgehnie, neugierig wie er war, diese große Stadt angesehen. Aber leider war sein Meister kein Freund von Jubel, Trubel, Heiterkeit! "Wo Frösche sind, da sind auch Störche!" ermahnte er seinen Schüler und sie zogen im Schatten der Stadtmauern am Strand entlang bis sie eine kleine Felsenhöhle fanden in der sie übernachten konnten. Obwohl sie ausgeruht waren, musste Jewgehnie des Meisters schwielige Hühnerfüße baden, den letzten Rest Regenwurmauflauf aufwärmen und ihm noch eine Hanftüte basteln. Auf ein kräftiges "Zicke Zacke Hühnerkacke" folgte nur noch ein müdes Kikeriki. Dann schlief der Meister ein ...

Seit langem hatte sich Jewgehnie nicht so einsam gefühlt wie in dieser Nacht. Dabei war er gar nicht alleine. Am schwarzen Nachthimmel funkelten die Sterne und neben ihm lag sein Meister und schlief den Schlaf des Gerechten. Dieser atmete ganz ruhig und gleichmäßig und nach jedem dritten Atemzug entwich seinem "göttlichen" Schnabel ein Geräusch, das sich wie "Pütschepü, Pütschepü" anhörte. Wie ein Wiegenlied aus fernen Tagen schläferte dieses "Pütschepü, Pütschepü" Jewgehnie so sehr ein, das auch ihm bald die Augen zufielen und er im Land der Träume aufwachte ... Vor ihm stand eine schwergewichtige Nilpferddame in einem rosaroten Tütü, überreichte ihm mit einem breiten Lächeln einen Gutschein für eine kostenlose Unterrichtsstunde im klassischen Ballett und bat ihn gleich freundlich aber energisch an die Stange. Und schon ging's los: Une, deux, trois ferme und tun uns auch die Beene weh. Pose, Pose, Pose ... und streckt das Bein und beugt das Knie! Hacke, Spitze 1,2,3 ... Jewgehnie hing hilflos an der Stange und beim Blick in den Spiegel fand er, das ein Tütü mit eingestickten Junikäfern ihm gar nicht stand! Schreiend rannte er aus dem Ballettsaal, verfolgt von einem wütenden Nilpferd, das erstaunlich fix auf den Beinen war. Mit Müh und Not entkam er dem grauen Dickwanst und fand sich nach Luft ringend in einem großen Gebäude wieder. Über dem Eingang stand in großen Buchstaben "Bahnhof".

Das erste Lebewesen, auf das er traf war ein altes Stinktier. „Wo bin ich hier?" fragte er verzweifelt. „Gehen sie auf Gleis 9! Gehen sie auf Gleis 9! Aber beeilen sie sich!"

Jewgehnie rannte so schnell wie er konnte die nicht enden wollenden Stufen zu Gleis 9 hinauf ...   Aber als er es fast geschafft hatte, sprach aus der Dunkelheit zu ihm eine wohl vertraute Stimme: „ Jewgehnie aufstehen!" Schweißgebadet und völlig durch den Wind, saß der verwirrte Träumer vor seinem Meister und zitterte am ganzen Leibe. „ Junge was war los? Von welchen Traumdämonen bist du heute Nacht heimgesucht worden?"

Stockend, mit noch zittriger Stimme begann er zu erzählen: Vom Nilpferd mit dem rosa Tütü im Ballettsaal, der Flucht in den Bahnhof, dem alten Stinktier und Gleis 9. Der Meister nickte stumm, öffnete seinen Schnabel und fragte: „Hast du geraucht?" Verzweifelt schüttelte der Unglückliche seinen Kopf und antwortete: „Nein, ich schwör!" Guru Niewahrnarr schwieg . Allzugern hätte er gewusst, was auf Gleis 9 passiert wäre! Dann aber fand er doch noch tröstende Worte für seinen Schüler: "Träume sind Schäume." „Sie lassen den Träumer hungrig aufwachen. Mach uns ein Frühstück! Dann sehen wir weiter ..." Jetzt ging es ihm schon ein klein wenig besser und auch das Zittern hatte nachgelassen. Hauptsache er war jetzt nicht mehr alleine!

An diesem Morgen fiel das Frühstück recht karg aus. Stumm saßen sie vor dem Höhleneingang und schlürften ihren Brennnesseltee währenddessen am Horizont die Sonne aufging. Sicherlich hatten sie auch in dieser Nacht ein trockenes Schlafplätzchen gehabt, aber ein so schlechter Traum, das konnte nur das Werk eines bösen Geistes sein. Es war wohl besser schnell aufzubrechen und schleunigst zu verschwinden ...

Schon waren sie wieder unterwegs auf staubigen Feldwegen. Sie durchwanderten endlose Kornfelder, die ihnen wie ein gelbes dahinwogendes Wellenmeer Schutz vor der Sonne und reichlich Körner bot. Weit und breit nur blauer Himmel, goldgelbe Weizenfelder und jede Menge Staub der sich in ihren Augen, Schnäbeln und Bürzeln einnistete. Alles knirschte, juckte und ihre Zungen hingen ihnen zum Halse raus. Sie brauchten dringend Wasser ... "Das Unglück ist der Prüfstein des Charakters" philosophierte der Meister krächzend. Mit dieser Weisheit wollte er seinem Schüler etwas Mut machen. Denn Jewgehnie litt noch mehr als er selbst unter Staub und Hitze. Doch das Glück ist mit den Tüchtigen! Kurz bevor sie beinahe verdurstet wären, hörten sie jemanden die wohl wundervollsten Worte rufen, die sie je in ihrem Leben gehört hatten: „Wasser! Frisches Wasser! Wasser!"

Es war Willi Aquaschwilli, ein Wasserschwein aus Georgien, das es sich zur Aufgabe gemacht hatte, als Saisonsamariter im heißen Süden verzweifelte Wesen vor dem Verdursten zu retten ..."Willi der Barmherzige" wie alle Welt ihn nannte, kam keine Minute zu spät. Mit letzter Kraft krochen unsere Freunde auf ihn zu und steckten ihre Köpfe gierig in die Wassereimer, die sie dann in einem Zug leer tranken. Guru Niewahrnarr rülpste dankbar und Jewgehnie japste immer noch nach Luft. „ Lieber Freund, du hast uns gerettet, wie können wir es dir danken?" „ Bau mal einen Meister!" Willi hatte nicht nur frisches Wasser, er hatte auch eine ausgesprochen feine Nase ...

Schon von weitem hatte Willi den süßen Duft des Afghanenkrauts gerochen. So eine Delikatesse konnte er sich doch nicht entgehen lassen. Der Meister nickte seinem Schüler wohlwollend zu und Jewgehnie baute mit flinken Flügeln einen Gigantino mit einem gesunden Mischungsverhältnis.

Da saßen sich nun zwei Wesen gegenüber, die sich geschworen hatten Gutes und nichts anderes als Gutes zu tun und saugten andächtig an der Riesentüte. Jewgehnie durfte wie immer nur zu

Willi Aquaschwilli

schauen. Dann lockerte der Hanf plötzlich Willis Zunge und es brach aus ihm heraus: „ Ich war nicht immer so gutherzig. In meinem früheren Leben war ich ein Spieler der Haus und Hof verspielt hat. Ob Muschelskat oder Knochenpoker ich konnte nicht aufhören! Ich war süchtig, ich war krank! Und hätte ich nicht zufällig von einem Kükenhilfswerk namens "HUNICEF " gehört, wäre mir nicht im Traum eingefallen selbstlos und barmherzig zu werden. Aber seit diesem Tage hat sich alles in meinem Leben zum Guten gewendet. Seitdem spiele ich nicht mehr und bin glücklicher denn je." Wie aus einem Schnabel riefen die Drei: „Dem Großen Pooark sei Dank!" Oooohhhmmm Oooohhhmmm Ooohhhmmm ...

„Willi, mein Bester, du bist schon weit gekommen. Der Pfad der Barmherzigkeit ist der Weg, den nur ein erleuchtetes Wesen gehen kann. Aber, es gibt noch höhere Ziele! Aufgaben die noch wichtiger sind als wir es uns vorstellen können." „ Was meinst du Meister," fragte der Ahnungslose. „ Nun, wir wollen Frussland von einem schrecklichen Tyrannen befreien." „Von Wladimir Putenkopf?" fragte Willi entsetzt und wurde kreidebleich. „ Das hat noch keiner geschafft. Und die, die es versucht haben, liegen unter Sibiriens ewigen Eis, oder müssen Tag und Nacht Bäume fällen!" „Ein Baum, der fällt, macht mehr Krach als ein Wald, der wächst" entgegnete der Meister. „Wir könnten noch gut einen klugen Kopf gebrauchen. Machst du mit?" Willi überlegte nicht lange. „ Ich sitz hier seit Stunden in eurer Mitte, so lasst mich in eurem Bunde sein der Dritte!" Sie reichten sich feierlich Pfote und Flügel, schworen sich ewige Treue und rauchten zur Feier des Tages noch einen Piccolino.

Am nächsten Morgen, die Sonne hatte wohl verschlafen, lagen noch graue Nebelschwaden über den Feldern. Es war kühl und erst nach dem Frühsport fühlten sich die Freunde wieder gestärkt, froren nicht mehr und setzten ihren Weg nun zu dritt fort. Es war wohl am späten Nachmittag, als sie zwei dunkle Punkte auf sich zu kommen sahen. Es waren das Hallöchen und sein Junior. Diese zwei merkwürdigen Gestalten waren auf den Weg in die Hauptstadt der inneren Mongolei. In Ulan Bator fanden die alljährlichen Meisterschaften im Armdrücken und Fingerhakeln statt.

Die Hallöchens stammten aus dem Märkischen Sauerland. Auffallend an ihnen waren die riesigen rote Nasen und ihre schneeweiße Haut. Seit Jahren waren sie die unangefochtenen Weltmeister im Armdrücken. Hällöchens hatten seit Urzeiten nur einen Arm! Aber der hatte es in sich! Kraftvoll und ohne Gnade drückten Vater und Sohn ihre Gegner reihenweise auf die ungehobelte Tischplatte und räumten alle Preise ab. Zur Belohnung gab es immer einen ausgefallenes Hutmodell.

Im Laufe der Jahre wurden sie stolze Besitzer einer prächtigen Hutkollektion. Generationen später gründeten ihre Nachfahren mit all diesen Trophäen ein Hutmuseum im Allgäu , das sich noch heute großer Beliebtheit erfreut. Leider hatten die Hallöchen nicht viel Zeit. Sie tauschten nur ein paar Nettigkeiten und den neuesten Wetterbericht aus. Zum Abschied gaben sie noch ihre heiß geliebte Nationalhymne zum Besten:

Oh du mein schönes Sauerland ...
wo ich meine erste Hantel fand ...
wo unsere ersten Muskeln sprießen
wo wir Sonntags unsere Kehlen begießen
wir lieben deine Berge
deine grünen Tannen
deine blauen Seen ...
aber jetzt müssen wir leider gehn ...

Dann verschwanden sie wieder, so schnell wie sie gekommen

waren ohne einmal zurück zu schauen. Schade seufzte Niewahrnarr enttäuscht. Zwei so kräftige Arme hätten wir gut gebrauchen können! Aber Reisende soll man ja nicht aufhalten ... Willi fand dank seiner feinen Spürnase eine frische Quelle und füllte die Wasserschläuche auf. Jetzt wo sie zu dritt waren, gab es viel zu erzählen und so plapperten sie munter drauf los. Nur der Meister hielt sich zurück. In seinem Kopf arbeitete es: Wie war es möglich an Wladimir Putenkopf heranzukommen? Sicherlich war der Plan mit dem kleinsten Ei der Welt und dem Wackelpudding sehr Erfolg versprechend, aber dafür mussten sie erst einmal in seine Nähe kommen. Das wird wohl der schwierigste Teil der Aufgabe. "Wer andre jagen will muss selber gut laufen können" sinnierte der Meister schmunzelnd. Bis Zetersburg war es ja noch ein weiter Weg, da wird sich noch eine Lösung finden lassen.

Die Tage vergingen wie im Fluge. Sie wanderten am Ufer der Wolga entlang, litten weder Hunger noch Durst. Es gab keine Grenzkontrollen und so kamen sie unbehelligt in Wolgograd, einer großen wuseligen Handelsmetropole an. Hier war alles anders, als in den anderen großen Städten in denen sie schon waren. Sicherlich die Gerüche waren ähnlich wie die in Karaganda. Es gab Gewürze aus dem Orient, Stoffe aus Indien und Teppiche aus Persien. Es gab wohl nichts was es nicht gab ...

Aber eines war hier anders: Überall standen Denkmäler von Putenkopf: Putenkopf zu Pferde, Putenkopf mit totem Tiger und Putenkopf mit totem Wels. Nur Putenkopf im Tütü gab es nicht! Dafür hingen überall an den Wänden Plakate und rote Fahnen mit seinem hinterhältigen Grinsen und verschandelten massenhaft den Liebreiz der Stadt. Aber am Ufer gab es garantiert kostenlose floh- und wanzenfreie Lagerplätze für eine Nacht.

In dieser Nacht bekamen sie kein Auge zu. Jewgehnie wollte diesmal unbedingt in die Stadt und auch Willi mochte diesen Abend

Die Hallöchens

nicht am Lagerfeuer verbringen. Der Meister war wie immer von dieser Idee ganz und gar nicht begeistert. Schließlich gab er dem Quengeln seines Zöglings nach, ermahnte die Beiden nicht zu spät zu kommen und gab ihnen als Zeichen seiner Großzügigkeit noch einen Spruch mit auf dem Weg: "Ohne Leiden bildet sich kein Charakter, ohne Vergnügen kein Geist." Wie recht er doch hatte!
Willi und Jewgehnie tauchten im Getümmel der Großstadt unter. In den mit Fackeln beleuchteten Gassen von Wolgograd herrschte Jubel, Trubel, Heiterkeit. Schließlich landeten sie im angesagtesten Wirtshaus der Stadt. Das Lokal "Zum einsamen Stinktier" gehörte einem Einwanderer. Es war der weitgereiste Johannes Schlechtenberg. Da er von seiner Erfindung, dem Zetteldruck allein nicht leben konnte, betrieb er dieses Gasthaus. War die Hütte brechend voll, sprang er auf den Tresen und las die auf losen Zetteln gedruckten Gedichte vor. Das sorgte für Heiterkeit und zusätzlichen Umsatz. An diesem Abend standen wie immer zwei Gedichte und eine Zugabe auf dem Programm. Es wurde mit einem Schlag mucksmäuschenstill und auch das Gläserklirren verstummte ...

Johannes Schlechtenberg begann mit zwei Gedichten von Eugen Blau, der ihm höchstpersönlich in Pattaya die Lizenzrechte geschenkt hatte ...

WALTER

Das Wildschwein Walter,
stark behaart,
sprach zu sich selbst:
Ich bin es leid,
will endlich mal ein neues Kleid!

Gesagt, getan - es griff zur Schere,
fing an die Haare sich zu schneiden.
Die Andern werden mich beneiden!
Zum Vorschein kam die nackte Schwarte,
und Walter sprach: „Na warte Schwarte!"

Malte sich bunte Kleckse auf die Haut,
das hat ihn mächtig aufgebaut
Das Rudel stutzte: „Bist du es Alter?"
und brüllte los: „Mein Gott Walter!"

Das traf voll den Geschmack der Gäste. Sie lachten, grölten und riefen ganz begeistert weiter, weiter! Johannes Schlechtenberg hörte das nur allzu gern und fuhr mit seiner Lesung fort ...

Bevor er weiterlas verteilte Johannes seine liebevoll bedruckten Zettel mit dem gerade vorgetragenen Gedicht. Da die überwiegende Mehrzahl seiner Gäste weder des Lesens noch des Schreibens kundig waren, landeten diese kleinen Kunstwerke auf dem harten Lehmboden und es wurde achtlos darauf rumgetrampelt ...

Doch wer von seiner Idee beseelt ist, lässt sich nicht entmutigen! Prompt folgte das zweite Gedicht und es wurde schlagartig wieder still ...

DAS EISBÄRPECH

Der Eisbär Bolle
saß auf seiner Scholle,
sein Eisbärfell ist weiß,
die Scholle ist aus Eis.

Johannes Schlechtenberg

Ließ sich und Scholle einfach treiben,
tat sich die Tatzen fröhlich reiben,
auf Pinguine jagen ganz versessen,
hat er doch lange nichts gefressen.

Er war ein Meister im sich tarnen -
er wollt die Pinguine ja nicht warnen -
und spähte so im weiten Weiß
nach Pinguinen auf dem Eis.

Doch ausgerechnet heute
sah ihn zuerst die Beute.
Sie rief zu ihren Pinguingenossen:
„Jungs bewegt die Flossen!
Ein Bär, ein Bär, ab ins Meer!"

Es treibt allein auf seiner Scholle
der angeschmierte Eisbär Bolle.

Alle hauten sich auf die Schenkel, bogen sich vor Lachen und
schrieen lauthals Zugabe, Zugabe und schon ging es weiter ...

JOCHEN

Das Stinktier Jochen
hat übel meist gerochen,
gerochen ist noch nett gesprochen

Sah Jochen Freunde in der Ferne,
die Freunde hatten ihn sehr gerne
sie haben ihm nur zugewunken,
denn Jochen hat zu sehr gestunken.

Jetzt brachen alle Dämme und mittendrin unsere beiden
Nachtschwärmer. Sie hatten sich köstlich amüsiert und bedauerten
doch sehr, das der Meister nicht mitgekommen war. Nach soviel
Spaß war es aber doch an der Zeit sich auf den Heimweg zu machen. Spaß ist Spaß und ein Versprechen ist ein Versprechen. Als
am nächsten Morgen die Reinemachefrau, das Gürteltier Ludmilla,
die Tür "Zum einsamen Stinktier" aufschloss und sich mühsam ihren Weg durch all die weggeworfenen und zerknüllten Zettel bahn-
te, stöhnte sie wie jeden Morgen: Was für eine "Zettelwirtschaft"...
Während sich Willi und Jewgehnie ein wenig "gebildet" hatten, war
auch Guru Niewahrnarr nicht untätig gewesen. Nach einer ausgiebi-
gen Meditationssitzung und einem selbstgebauten Piccolino gönnte
er sich noch einen Spaziergang am Wolgastrand. Dabei lernte er die
Robbe Wassily kennen. Wassily war Wolgaschiffer in der vierten
Generation, besaß ein Kapitänspatent und ein eigenes Schiff, die
Mir. Niewahrnarr fragte den Käpt'n, warum sein Schiff denn Mir
heiße? „ Na weil es mir gehört!" Dann lachte Wassily so dröhnend,
das sein riesiger Bauch immer wieder auf und ab hüpfte. Schließlich erklärte er dem verdutzten Gast das Mir Frieden bedeutet. Die
Wahrheit war aber, das es auf der Mir keinen Frieden gab. Denn
eine ganze Armee gefräßiger Holzwürmer führten als blinde Passagiere an Bord Krieg gegen die Mir...
Gegen das Versprechen das Wassily während der Reise jeden
Tag drei Piccolinos vom teuflischen Afghanenkraut rauchen durfte,
konnten unsere Freunde kostenlos mitfahren. Entlang der Wolga

durfte gesabbelt werden, aber auf dem "Stillen Don" durfte nicht mehr gesprochen werden. Denn der "Stille Don" liebte nun mal die absolute Ruhe!

Niewahrnarr war sofort einverstanden und machte mit Wassily einen Flossenflügelschlag, womit das Geschäft rechtskräftig war. Dieses Ritual entsprang einer sehr alten hanseatischen Sitte. Immerhin dachte sich der Meister, wir sparen Kräfte, die wir später noch gebrauchen können. Und als wenn er eine Vision hätte entglitt seinem Schnabel folgende Weisheit ...

Die Reise gleicht einem Spiel;
es ist immer Gewinn und Verlust dabei
und meist von der unerwarteten Seite.

Aber wen würde Gewinn oder Verlust treffen? Dies herauszufinden war eine sehr reizvolle Aufgabe und wer an sich glaubt und nur Gutes im Schilde führt kann doch nicht verlieren. Oder doch? Diese Neuigkeit des bequemen Reisens erfreute Niewahrnarrs Mitstreiter. Angenehm reisen und dabei auch noch die Füße schonen, das ließ ihre Herzen höher schlagen und wieder einmal mehr packte sie das Reisefieber. Flugs enterten sie die Mir, begrüßten Käpt'n Wassily und fanden sich gleich in der Kombüse wieder. Der Käpt'n hatte wohl längere Zeit nicht abgewaschen. Schnell legten sie ab und schipperten los. Die Wellen klatschten ausgelassen gegen die Planken und unter Deck gaben die gefräßigen Holzwürmer ihr Bestes. Aber das Holz der Mir war alt und von besonders guter Qualität. So mancher gierige Wurm biss sich daran die Zähne aus. Die Sonne knallte vom strahlend blauen Himmel und das Segel knatterte übermütig im Wind. Jewgehnie baute die ersten Piccolinos im gesunden Mischungsverhältnis und Zufriedenheit machte sich auf dem Oberdeck breit.

Käpt´n Wassily

Wassily war einst auf allen 7 Weltmeeren unterwegs gewesen und hatte mit seiner Mir viel erlebt.

Natürlich hatte er von seinen Reisen viel zu erzählen und so spann er nach dem Rauchen fleißig jede Menge Seemannsgarn. Da gab es schöne Meerjungfrauen die brave Seeleute anlockten um sie zu verführen. Riesige, gierige Wellenmonster, die haushohe Wellen auftürmten um ganze Schiffe und ihre Mannschaften mit Haut und Haaren zu verschlingen.Es waren in der Tat alles unglaublich haarsträubende Geschichten. Aber dann erzählte der Käpt'n unseren Freunden die unglaublichste der unglaublichen Geschichten. Wassily hatte seine alte Mir bis unters Deck mit Filzpantoffeln beladen. Es war alles so vollgepackt, das nicht ein plattgeklopfter Hering noch ein Plätzchen hätte finden können. Diesmal ging es nach Japan. Die Japaner waren nämlich sehr saubere Leute, die ihre Straßenschuhe immer auszogen wenn sie nach Hause kamen.

Dann schlüpften sie sofort in ihre heißgeliebten Filzpantoffeln und fühlten sich sauwohl. Das nannten sie dann Gemütlichkeit. Leider hielten die Pantoffeln nie so lange wie der Hersteller es ihnen versprochen hatte und so brauchten sie immer neuen Nachschub. Auf der Rückreise wurde die Mir mit Holzkisten, vollgepackt mit Mundharmonikas, beladen und es ging wieder heimwärts nach Mütterchen Frussland. Alles war in bester Ordnung und Wassily, damals noch viel schlanker, nutzte die steife Brise um ein wenig Wasserski zu laufen. Kaum im Wasser, da wurde er auch schon von einem Rudel gieriger Haie umzingelt, die bedrohlich mit den Zähnen fletschten. Aber oh Wunder, die ganze Meute kam gerade von einem fetten Beutezug und alle Mann waren pappsatt.

Nein! Sie wollten Mundharmonikas und Wassily sollte ihnen das Spielen beibringen. Sonst gebe es ein Gemetzel. Das war voll die Erpressung , aber was sollte der Käpt'n machen. Notgedrungen ging er auf das unmoralische Angebot ein. Dummerweise konnte er nur ein Lied, aber damit eroberte er sofort die Herzen der Haie im Sturm ...

WIR LIEBEN DIE STÜRME

Wir lieben die Stürme, die brausenden Wogen
der eiskalten Winde raues Gesicht.
Wir sind durch viele Meere geschwommen
und sind ziemlich weit herum gekommen
Haio, haio, haio, haio, haioho, haio, haioho, haioho!

Wir gleiten, stolz durch die schäumenden Wogen,
es strafft der Wind die Finne mit Macht
Die blutrote Spur, die macht uns frei
Ei, ei, wir sind die Meerespolizei
Haio, haio, haio, haio, haioho, haio, haioho, haioho!

Wir treiben die Beute vor uns her
wir jagen sie weit auf das endlose Meer.
Wir suchen auch zappelnde Beine,
doch meistens finden wir keine
Haio, haio, haio, haio, haioho, haio, haioho, haioho!

Ja, wir sind Haie und ziehn durch die Meere;
wir fürchten nicht Tod und Teufel dazu;
wir lachen der Feinde und alle Gefahren,
am Grunde des Meeres erst finden wir Ruh.
Haio, haio, haio, haio, haioho, haio, haioho, haioho!

Das passte wie die Faust aufs Auge! Wassily hatte voll ins

Schwarze getroffen. Die Haie tobten, das Wasser brodelte. Nie zuvor klang ein Mundharmonikaorchester auf den 7 Weltmeeren gruseliger und schöner zugleich. Die Haie lernten bannig fix und so durfte der Käpt'n nachdem er zum Dank noch zum Oberhai ernannt wurde wieder in See stechen. Mit zittrigen Flossen ergriff er das Steuerrad und machte sich schleunigst aus dem Staub. Man konnte ja nie wissen.

Wahr oder unwahr? Diese Frage stellte sich gar nicht, so etwas konnte man nicht erfinden, so etwas musste man erlebt haben. Der Käpt'n war schon ein toller Hecht! Diese Geschichte hatte in der Tat eine Belohnung verdient! Zur Feier des Tages durfte Jewgehnie für Wassily, Willi und den Meister noch einen Gigantino bauen. Sie berauschten sich, sprachen kein Wort, kicherten wie kleine Kinder, lachten über Dinge die gar nicht komisch waren und kippten schließlich alle hintenüber. Der Meister schaffte es gerade noch ein Zicke Zacke Hühnerkacke zu hauchen, dann schnarchten sie so doll um die Wette, das einem Angst und Bange werden konnte.

Am nächsten Morgen waren alle wieder fit, bis auf den Käpt'n. Den plagte entsetzliches Kopfweh. Er hatte nämlich das mit dem Zicke Zacke ... nicht richtig mitbekommen und litt nun unter heftigem Dauaaua. Einer besonders starken Form von Schädelschmerz. Kopf hoch alter Seebär, das wird schon wieder ...

Es war eine sehr angenehme Reise, wenn da nicht die Holzwürmer ihr Unwesen getrieben hätten. Aber dazu später mehr..

Alles schien perfekt! Das Wetter war schön, der Wind blies nicht zu doll, die Sonne schien und die Mir pflügte sanft durch das Wasser der Wolga. An ihren Ufern grasten schwarzbunte Kühe und ihre Kaubewegungen zeugten von Gelassenheit und allgemeiner Zufriedenheit.

Auch die dollsten Kopfschmerzen lassen irgendwann einmal

nach und so waren wieder alle Mann im wahrsten Sinne des Wortes an Bord. Es sollte nicht mehr lange dauern, dann würde die Mir in die ruhigeren Gewässer des Stillen Dons eintauchen. Von da ab hieß es dann: "Schnabel halten!" Absolutes Redeverbot ...

Während oben an Deck die Füße hochgelegt wurden und Sonnenbäder angesagt waren, wurde unter Deck kräftig gearbeitet. Oder besser gesagt: Verbissen genagt! Und immer wenn die Holzwurmarmee drauf und dran war aufzugeben schrie der Oberholzwurmgeneral aus Leibeskräften Attacke Attacke!

Dann ging es wieder los mit diesem Tacke, Tacke, Tack und das Rumpfholz wurden mit kräftigen Kiefern zu Sägemehl verarbeitet. Lange würde es wohl nicht mehr dauern bis sie am Ziel waren. Wie die Bekloppten nagten sich die Würmer ihrem kollektiven Selbstmord entgegen...

Langsam glitt die Mir in die Gewässer des Stillen Dons ein und das Geplapper an Deck verstummte schlagartig. Es herrschte nach all dem lebhaften Treiben eine beklemmende Stille an Deck. Aber da war doch was! Ja, jetzt hörten es alle: Tacke Tack Tack, schmatz, rülps schmatz. Es wollte einfach nicht aufhören. Waren blinde Passagiere an Bord? Der Käpt'n riss wütend die Luke zum Laderaum auf um der Sache auf den Grund zu gehen, da schoss ihm schon das schmutziggrüne Wasser aus dem Bauch der Mir entgegen und es knirschte und krachte an allen Ecken und Kanten. Wassily schrie verzweifelt: „ Loch im Boot! Alle Mann von Bord! Wir sinken! Paschli! Paschli!" Was heißt: Vorwärts, mir nach! Willi sprang mit einem gewaltigen Satz von Bord und landete mit einer Arschbombe im Wasser. Jewgehnie schwang sich kurz entschlossen in die Luft und erreichte mit einigen heftigen Flügelschlägen das rettende Ufer. Allein der Meister stand hilflos an Deck. Denn er konnte weder fliegen noch schwimmen. Gerade wollte Wassily den Hilflosen auf seine Schulter setzen, da rannte Niewahrnarr wie von der Tarantel gestochen zurück in seine Kabine im unteren Teil des Schiffsbauches. Da schwamm ihm auch schon sein heiß geliebter Hanfbeutel entgegen. Mit letzter Kraft schnappte er sich den Beutel aus dem Wasser und schlitterte mehr als er lief auf rutschigen Planken zurück an Deck. Im buchstäblich letzten Augenblick bekam Wassily den Meister noch am linken Hinterbein zu fassen, setzte den Zappelnden hastig auf seinen Schädel und ließ sich ins Wasser plumpsen. Keine Sekunde zu früh! In seinem Rücken versank seine alte treue Mir mit einem seufzenden Gluckern und viel Getöse auf den Grund des Stillen Don.

Erschöpft und niedergeschlagen trafen sich die Schiffbrüchigen wohlbehalten am Strand wieder. Bei allem Unglück waren sie doch dem Großen Pooark dankbar für seine große Güte das keiner von ihnen zu Schaden gekommen war. Nur Wassily war untröstlich. Keiner sprach ein Wort ...

Willi sorgte für ein wärmendes Lagerfeuer, briet frischgefangenen Fisch und der Meister mühte sich seinen nass gewordenen Hanf zu trocknen. Einzig allein der Stille Don war gut zufrieden, das seine Sehnsucht nach Stille nicht gestört wurde ...

In dieser Nacht schliefen alle so fest, das sie erst um die Mittagszeit wach wurden. Sie waren auch jetzt noch niedergeschlagen, aber nicht hoffnungslos! Aufgeben kam nicht in Frage ...

Wassily fing sich aber schnell wieder und überraschte die Freunde mit einer alten Robbenweisheit:

> Wenn einem das Wasser bis zum Hals steht,
> soll man den Kopf nicht hängen lassen!

Wassily beschloss sich zur Krim durchzuschlagen und wieder auf große Fahrt zu gehen. Zum dritten Mal Kap Hoorn, das wär' doch was! "Willi der Barmherzige" wollte zurück nach Georgien.

Er musste sich unbedingt um seine Wasserflohzucht kümmern, damit er und seine Sippe im Winter über die Runden kamen. Wenn ihn die Freunde aber brauchen sollten, wäre er sofort zur Stelle. Egal was da kommen mag. Dann sollten sie mit dem Brieftaubenservice um Hilfe bitten.

Nun waren der Meister und sein treuer Schüler wieder allein unterwegs. Langsam schüttelten sie das schreckliche Erlebnis des Untergangs der unglücklichen Mir von sich ab und die Stimmung von Tag zu Tag besser.

Am vierten Tag, sie waren gut voran gekommen, bekamen sie unverhofft Gesellschaft: Klara und ihre Tante Käthe gesellten sich zu ihnen. Die Beiden hatten schon eine weite Reise übers Meer hinter sich und waren auf dem Weg nach Moskau zu einem Hüpfsprungmarathonrennen. Es waren zwei waschechte Kängurus die in ihrer Heimat Australien seit Jahren jedes Rennen gewonnen hatten und ihre Gegner dabei jedes Mal in Grund und Boden hüpften. Wer viel reist, hat auch viel zu erzählen und so entschlossen sie sich eine Pause einzulegen ...

Da saßen nun ein weiser Hahn, ein Schmutzgeier und zwei Kängurus im Gras und erzählten sich was sie auf ihren Reisen erlebt hatten. Tante Käthe pries die Sehenswürdigkeiten ihrer Heimat in den höchsten Tönen. Sie berichtete von den "Drei Schwestern" in den Blauen Bergen, den Ayers Rock von Alice Springs, von Koalabären, die den lieben langen Tag faul in den Bäumen rumhingen und für ihr Leben gern Eukalyptusbonbons lutschten. Aber es gab auch gefährliche Zeitgenossen wie das riesige Süßwasserkrokodil. Ein gefährlicher Räuber, der aber nicht besonders helle im Kopf war. Ähnlich wie die unzähligen Schafe, die ganze Landstriche zukackten und dann unbekümmert weiterzogen. Dem Meister entschlüpfte an dieser Stelle ein deutliches "wie unangenehm", zeigte sich aber sehr beeindruckt von den geschilderten Schönheiten Aus-

traliens und dankte dem Großen Pooark das es hierzulande keine
Krokodile gab. Es war wohl ein Gebot der Höflichkeit und Gastfreundschaft eine gute Geschichte mit einer ebenso guten Geschichte zu beantworten. So erzählte Guru Niewahrnarr seinen staunenden
Gästen wie einst aus Adolf Pickenäcker durch seine Flucht aus dem
feuchtkalten Westerwald in das sonnige Indien und durch die Güte
vom seligen Meister Dotter Dotter schließlich der wurde, der vor
ihnen saß. Klara und Tante Käthe zeigten sich von diesem Lebens-
lauf sehr beeindruckt und baten den Meister um seinen Segen für
das Rennen in Moskau. Zum Dank versprachen sie hoch und heilig:
Wenn wir wieder zu hause sind, werden wir ein Opfer für euer See-
lenheil bringen und ein Huhn schlachten. Jewgehnie und der Meister wurden leichenblass und es stockte ihnen der Atem. Bei dem
Entsetzen in ihren Gesichtern kicherten die Kängurus plötzlich los
und hauten wie wild mit ihren langen, dicken Schwänzen pausenlos
auf dem Boden rum. So doll, das die Heide wackelte. Sie japsten
nach Luft, beruhigten sich aber wieder und baten ihre doch sichtlich
verstörten Gastgeber um Verzeihung. Da wo sie herkamen liebte
man solche derben Späße! Dort herrschten raue Sitten!

War aber jemand in Not, dann half man sich und ließ nieman-
den im Stich ...

Es war spät geworden und es wurde Zeit frische Kräfte zu
sammeln. Die Kängurus begnügten sich mit einem einfachen Gras-
rupfabendessen, lehnten höflich die Einladung zu einem Piccolino
mit der Begründung ab, die Moskauer Rauschgiftkontrollen im
Hüpfsprungmarathon wären gerade noch einmal verschärft worden.
Dann zogen sie sich zurück.

Jewgehnie war im Sitzen eingeschlafen und war nicht mehr
wach zu kriegen. Auch für Niewahrnarr war es ein harter Tag gewesen und so verzichtete er ausnahmsweise auf seinen geliebten Piccolino. Dafür fand er Entspannung indem er sein Mantra, das lang-

gezogene Ooohhhmmm durch seinen leicht geöffneten Schnabel gleiten ließ. Solange bis auch er im Sitzen einschlief. Da saßen sich nun der Meister und sein Schüler kerzengerade im Lotussitz gegenüber und nur ein leichtes Schnarchen und die flache Atmung verriet dem Betrachter, das sie noch in dieser Welt waren ...

Im Morgengrauen des darauf folgenden Tages waren aber alle wieder putzmunter auf den Beinen. Frühsport ist immer ein gutes Mittel sich gut für den kommenden Tag vorzubereiten. Nach ein paar Dehnübungen und 33 Kniebeugen hatten sich alle ein grünes Frühstück, angereichert mit Körnerkost verdient und danach wurde es auch Zeit zum Aufbruch. Gerade als sie sich verabschieden wollten hatte Tante Käthe eine Idee: „Wisst ihr, gestern habe ich euch ja einen gehörigen Schrecken eingejagt. Das war nicht nett von mir! Wir möchten das wieder gut machen. Was haltet ihr davon, wenn wir euch ein Stück in unseren Beuteln mitnehmen?" Jewgehnie war total begeistert und hüpfte sofort in Klaras geöffneten Beutel. Da konnte auch der Meister nicht mehr widerstehen. Tante Käthe hob ihn vom Boden auf und steckte ihn in ihren Beutel. Ein kleiner, dicker Hahn und ein prall gefüllter Hanfbeutel brauchten doch mehr Platz als ein junger schlanker Geierjunge. Nach einigem hin- und herwibbeln hatte sich der Meister endlich im Beutel eingerichtet. Es konnte los gehen ...

Mit mächtigen Sätzen ging es auf die Reise. Es wurde ein einziges Auf und Ab. Die Landschaft flog nur so an ihnen vorbei! Die beiden Mädels hatten es wirklich drauf. Sie machten riesige Sätze und kaum waren sie mit ihren großen Füßen wieder auf dem Boden, hoben sie auch schon wieder ab und es kam einem vor, als segelte man durch die Lüfte. Kein Keuchen, kein Stöhnen alles schien wirklich kinderleicht. Das Dumme war nur, das Jewgehnie und der Meister schon nach einiger Zeit von der berüchtigten Beutelkrankheit heimgesucht wurden. Es fing mit einem leichten Grummeln in der Tiefe des Bauches an und steigerte sich nach und nach zu einem Würgen in der Kropfgegend und endete schließlich mit einem kompletten Auswurf der letzten drei Mahlzeiten. Der krönende Abschluss war dann eine grünliche Verfärbung der natürlichen Gesichtsfarbe. War es schon schwer die berüchtigte Seekrankheit zu überleben, so schien gegen die mörderische Beutelkrankheit im wahrsten Sinn des Wortes kein Kraut gewachsen. Es half kein Zappeln und kein Rufen. Es war zwecklos! Tante Käthe und Klara waren im Hochgeschwindigkeitsrausch. Was für ihre Passagiere eine Höllenqual war, war für die beiden Medaillenanwärterinnen eher ein leichtes Aufwärmtraining. Jewgehnie schaffte es sich im Beutelinneren hochzuziehen, sich trotz der rasenden Geschwindigkeit am Beutelrand abzustoßen und sich in die Lüfte zu schwingen. Allein Niewahrnarr hing plötzlich eingeklemmt im Beutel fest. Er wurde wie wild hin und her geschleudert, knallte gegen die knochenharte Bauchdecke, flog wie ein Flummi zurück gegen das flauschig weiche Innenfell der Beutelfalte um im selben Augenblick wieder in Richtung Bauchdecke zurück zufliegen. Der berühmte "Ritt auf einer Rasierklinge" war ein Witz dagegen! Es gab nur eine Möglichkeit diesem Inferno zu entrinnen: Der Hanfbeutel musste über Bord! Dann gäbe es vielleicht die Chance dem "Beutel des Grauens" zu entkommen. Alles, nur nicht das! Lieber würde er an der Beutelkrankheit zu Grunde gehen, als sich von seinem geliebten Hanf zu trennen. Seine "Nervennahrung" war für ihn lebenswichtig, denn er hatte ja mit diesem Wladimir Putenkopf seinem Intimfeind noch "ein Hühnchen zu rupfen". Schließlich sollte der Hanf in seinem Plan gegen Putenkopf noch eine entscheidende Rolle spielen ...

Nur dem Mut seines Schülers Jewgehnie hatte es der Meister zu verdanken, das er dieses Abenteuer heil überstand. Selbst nur mit knapper Müh und Not Klaras Beutelenge entkommen, hatte er nun im freien Flug allerbeste Sicht von oben auf das was unter ihm geschah. Das angstverzerrte, grüne Gesicht seines Gönners ließ ihn so in Panik geraten, das er spontan im Sturzflug seinen geliebten Meister retten wollte. Kurz bevor er Tante Käthe in den Rücken picken konnte, verlor er vor lauter Aufregung aus seinem Bürzel eine saftige Portion Körperflüssigkeit die platschend auf Käthes Kopf landete. Tante Käthe bremste erschrocken ab, kam ins Straucheln, stolperte und stürzte schreiend zu Boden. Dadurch flog der Meister im hohen Bogen aus ihrem Beutel, umklammerte verzweifelt mit den Flügel krampfhaft seine Hanfvorräte und landete unsanft in einem Haselnussstrauch ...

Noch etwas benommen rappelte sich der Gerettete wieder auf, torkelte auf wackeligen Beinen hilflos durch die Gegend und rief mit zittriger Stimme immer wieder: Jewgehnie, Jewgehnie ... Der saß in sicherer Entfernung gut versteckt im grünen Blätterkleid einer alten Buche auf einem Ast und harrte ängstlich der Dinge die da kommen sollten. Würde sein Meister ihn bestrafen? Sein Herz klopfte wie wild. Schließlich nahm er sein kleines Herz doch in beide Flügel und flog seinem Meister entgegen. Kaum war er gelandet, schloss dieser ihn ganz fest in seine Flügel und stammelte: „ Danke mein Lieber, du hast mit das Leben gerettet! Du hast ein mutiges, goldenes Herz! Eines Tages werde ich dich dafür belohnen! Habe noch ein wenig Geduld"...

Stumm und gerührt nickte sein Schüler und dann wandten sie sich der jammernden Tante Käthe zu. Die Gute stand wohl noch ein wenig unter Schock, jammerte etwas von gebrochenen Beinen und verstauchten Knöcheln und war in einem wirklich bedauernswerten Zustand. Doch tröstende Worte, Streicheleinheiten und Beutelkraulen verhalfen der Gestrauchelten zu einer Blitzheilung. Im Nu war aller Kummer vergessen und gemeinsam konnte man wieder nach vorne schauen. „ Na wollt ihr noch ein Stück in unseren Beuteln reisen? Wir machen auch nur sanfte Sprünge! Versprochen!" Die beiden Passagiere schauten sich fragend an, nickten entschlossen in die Runde und nahmen mutig die Einladung an. Kaum hatten sie es sich bequem gemacht, ging es auch schon mit sanften, eleganten Sprüngen los...

Diesmal wurde keinem schlecht! Im Gegenteil! Sie genossen den kühlen Wind, die angenehm mollige Beutelwärme, ließen lässig einen Flügel vom Beutelrand baumeln und erfreuten sich an der vorbeiziehenden Landschaft. Sie konnten sich gar nicht an all dem satt sehen, was sich da ihren Augen bot: Sanfte Hügel, gelbe Weizenfelder, fette Wiesen, grüne Wälder und einzelne Baumgruppen wechselten sich im stetigen Rhythmus miteinander ab. Darüber waren nur noch der blaue Himmel in seiner unendlichen Weite angereichert mit friedvoll dahinziehenden Wolken, die immer wieder neue Figuren und Gebilde an den Himmel zeichneten, die dem Betrachter unendliche Möglichkeiten gaben in den Wolken Tiere, Gesichter oder selbstausgedachte Wesen zu entdecken. Ab und zu sahen sie vereinzelte Kühe die kurz aufblickten, dumm glotzten um dann wieder ihrem Kaugeschäft nachzugehen. Eine siebenköpfige Hasenfamilie war so verdattert, das sie sich spontan auf die Hinterbeine stellten um den Fremdlingen zu zuwinken. Schließlich tauchten ja nicht jeden Tag zwei Kängurus mit einem Huhn und einem Schmutzgeier im Beutel auf ! So verging die Reise für sie im wahrsten Sinne wie im Fluge. So hatten sie die Welt ja noch nie gesehn: Völlig entspannt da zu sitzen, sich um nichts zu kümmern brauchen, die Reise genießen und auch noch jede Menge Spaß zu haben! Es ging ihnen Gold!

Klara und Tante Käthe waren wirklich echte Meisterinnen im Marathonhüpfspringen. Das heiße Klima im heimatlichen Australien hatte ihre Ausdauer gestärkt. Sie tranken fast nie, aßen wenig und trotzdem wurden sie anscheinend nie müde. Stunde um Stunde hüpften sie unablässig mit eleganten leichtfüßigen Sprüngen mit nur einem Ziel vor Augen: Moskau!

Kurz bevor die Sonne unterging wurde es Zeit die Reise für ein Nachtlager zu unterbrechen. Es war einfach zu gefährlich im Dunkeln durch die Gegend zu hüpfen. Ein abgebrochener Ast oder ein Stein auf dem Weg, schon konnte man stürzen und der große Traum vom Sieg wäre wie eine Seifenblase zerplatzt. Außerdem waren alle hundemüde, so müde, das sie sofort einschliefen! Nur der Meister meditierte leise vor sich hin, tätschelte zärtlich seinen Hanfbeutel und verzichtete aber auch an diesem Abend auf seinen geliebten Piccolino. Nach einem leise gemurmelten Oooohhhmmm steckte auch er seinen Kopf unter den Flügel und schlief ein.

Am nächsten Morgen waren alle wieder frisch! Mit einem fröhlichen Moin Moin wurde die Sonne begrüßt und mit einem guten Frühstück sollte der Tag beginnen. Jewgehnie pflückte Butterblumen, Vogelmiere, Brennnessel, Weizenkörner und Sauerampfer für ein reichhaltiges, kräftiges Müsli. Dabei stieß er unverhofft auf eine sehr begehrte Delikatesse: Bärenkresse! Bärenkresse war seinerzeit so selten und kostbar wie heutzutage schwarze Trüffel. Jewgehnie war so stolz wie nie zuvor in seinem Leben. Freudestrahlend kam er mit all den Köstlichkeiten zu den hungrigen Freunden zurück, erntete ein Lob nach dem anderen und sie ließen es sich schmecken. Die Bärenkresse gab es als Krönung zum Nachtisch.

Dann war es Zeit sich Lebewohl zu sagen. Tante Käthe und Klara wollten in den letzten Tagen noch einmal richtig Gas geben und große Sprünge machen, damit sie für Moskau genau auf den Punkt fit waren. Das wäre ihren neuen Freunden bestimmt wieder auf den Magen geschlagen. So umarmten sie sich herzlich und wünschten einander viel Glück. Lange schauten der Meister und sein Schüler den Mädels winkend nach, bis sie hüpfend und springend hinter den Hügeln verschwanden.

Es war schon etwas ungewohnt nach all der aufregenden Gesellschaft wieder alleine zu sein. Aber es war die Stille, die nun wieder zum ständigen Begleiter wurde. Zur moralischen Ertüchtigung spendete der Meister seinem Zögling zur Feier des Tages eine neue Weisheit:

> Edel sei der Vogel hilfreich und gut,
> denn das allein unterscheidet ihn
> von allen Wesen, die wir kennen!

Jewgehnie nickte stumm und war mehr denn je voller stiller Bewunderung für die Klugheit seines Meisters. Würde er auch jemals so ein weises Vogelwesen werden? Es brauchte bestimmt viel Geduld, Demut und Fleiß um das zu erreichen. Für ihn gab es nichts Schöneres als klug zu sein! Dafür würde er alles geben, was er hatte! Versprochen!

Die nächsten Tage ließen sie es etwas ruhiger angehen. Waren sie doch ein wenig von Tante Käthes und Klaras Beutelservice verwöhnt worden. Aber nach einigen Tagen hatten sie ihren Rhythmus wiedergefunden. Jewgehnie flog von Zeit zu Zeit voraus, schraubte sich übermütig in den Himmel und kundschaftete die Lage aus. Seinen scharfen Geieraugen entging nichts. Doch soviel er auch spähte, es passierte nichts Aufregendes. Alles blieb ruhig. Der Meister sprach nicht viel und wenn er seinen Schnabel öffnete vernahm man ein langgezogenes Ooohhhmmm. Offenbar arbeitete er an einem Plan, wie man Wladimir Putenkopf aufs Kreuz legen konnte. Jedes Mal, wenn wohl ein neues Mosaiksteinchen für seinen Plan fertig war, machte sich ein zufriedenes Lächeln auf seinem Gesicht breit. So konnte es weitergehen ...

Sie machten nur noch eine Rast am Tag, saßen bei anbrechender Dunkelheit schweigend am Lagerfeuer, meditierten, der Meister rauchte versonnen einen Piccolino, schloss das Rauchritual mit einem Zicke Zacke Hühnerkacke ab, ließ sich seine schwieligen Hühnerfüße massieren um dann glückselig einzuschlafen.

Jewgehnie konnte in dieser Nacht nicht schlafen! Der Meister hatte ihm versprochen: „Morgen werden wir in Moskau sein!" Würden sie dann Tante Käthe und Klara wiedersehen? Doch dann übermannte ihn doch die Müdigkeit und er schlief tief und fest ein. Als er aufwachte war das Frühstück schon fertig. Nicht so üppig wie sonst, aber es war lecker und lag nicht schwer im Magen. Guru Niewahrnarr hatte nicht gelogen! Am späten Nachmittag tauchten am Horizont schemenhaft die großen Zwiebeltürme von Moskau auf. Jetzt aber noch eine Schüppe drauf legen und vielleicht schafften sie es ja noch zum Rennen.

Je näher sie ihrem Ziel kamen um so mehr füllten sich die Wege mit Lebewesen aus aller Herren Länder. Es war ein wuseliges Durcheinander von einheimischen und fremdländischen Lauten. Eine regelrechte chaotische Völkerwanderung, die nur ein Ziel hatte: Das Sportstadion von Moskau.

Sie kamen gerade noch rechtzeitig zur Siegerehrung im Hüpfsprungmarathon. Da standen wirklich ganz oben auf dem Treppchen Tante Käthe und Klara. Sie hatten tatsächlich den weiten Weg von Australien nach Moskau nicht umsonst gemacht. Das ganze Stadion grölte: So sehen Sieger aus! La la lalalala! So sehen Sieger aus! La la lalalala ... Dann gab es die ersehnten Medaillen ...

Guru Niewahrnarr kniff die Augen zusammen und bekam schlagartig eine Gänsehaut. Die Siegerehrung nahm Wladimir Putenkopf vor. Putenkopf war total sauer, das nicht eines seiner geliebten russischen Taigapferde gewonnen hatte. Mit einem aufgesetzten verkniffenen Lächeln gratulierte er den australischen Siegermädels. Dann verzog er sich wieder schleunigst in seine rote Ehrenloge, denn der nächste Höhepunkt der Festspiele stand auf dem Programm: "Klöten Bumm"...

Klöten Bumm war nicht jedermanns Sache! In einem Kreis standen sich immer zwei Kämpfer aufrecht gegenüber. Der Schiedsrichter hielt den beiden Kontrahenten zwei Stöckchen vor die Nase und wer das kürzere Stöckchen zog hatte verloren. Der Verlierer musste sich breitbeinig hinstellen und der mit dem langen Stöckchen durfte dem Unglückseligen volle Pulle in die Klöten treten. Fiel dieser nicht um, oder rappelte sich doch wieder auf, durfte er zur Belohnung als Nächster zutreten.

Im heutigen Finale standen sich gegenüber: Diabolo der schwarze andalusische Muskelprotz. Seine Fans nannten ihn liebevoll "El Locco". Sein heutiger Gegner: Hans Hermann die "Deutsche Eiche", wie ihn seine Fans nannten, war ein strammer ostfriesischer schwarzbunter Bulle. Das saftige Gras der heimatlichen Wiesmoorer Weiden hatten Hans Hermann zu dem gemacht, was er war. Es war ein langer Weg bis ins Finale gewesen. Gegner um Gegner hatten beide Finalisten in den Vorkämpfen „niedergeklötet". Lumumba der Nilpferdbulle aus den Tiefen des Kongos, Achmed das dösige, dumme Nilkrokodil, Gonzo der furchterregende Grizzlybär, Herr Meier der Riesenelefant aus Kenia und nicht zu vergessen Stinker, der listige Komodowaran mit dem unangenehmen Mundgeruch. Schnaubend und vor Erregung sabbernd standen sich die beiden Kontrahenten im Endkampf um das Goldene Horn gegenüber. Es wurde schlagartig mucksmäuschenstill im Stadionrund, als Ringrichter Marabu den Kampf frei gab.

Hans Hermann wußte um die stahlharten Klöten von Diabolo und griff zu einer alten ostfriesischen List: Er schnaubte so laut wie er konnte, starrte Diabolo direkt in die Augen und raunte ihm verächtlich zu : Mein Lieber, du bist aber schlecht bestückt! Verdutzt schaute Diabolo zwischen seine Beine und in diesem Moment trat Hans Hermann volle Kanne zu. Diabolo fiel um wie eine deutsche Eiche, röchelte kurz und kam nicht mehr auf die Beine. Hans Hermann hatte das geschafft, womit keiner gerechnet hatte. Hans Hermann war der "Klöten Bumm König" von Moskau.

Guru Niewahrnarr war entsetzt und sprachlos zugleich. Das war barbarisch! Igitte gitte gack! Schämt euch ihr Barbaren schrie der Meister ins weite Rund. Aber sein Protest ging unter in dem allgemeinen Gejohle und Flügelklatschen. Selbst Jewgehnie hatte sich von der enthemmten Menge anstecken lassen. Er sprang aufgeregt auf und ab, reckte seinen Geierhals so hoch wie er konnte und klatschte pausenlos mit den Flügeln. Erst als sein Herr und Meister seine Flügel um ihn schlang, kam er wieder zur Besinnung. „ Mein Junge," sprach Guru Niewahrnarr: „ Lass uns gehen, das ist kein guter Platz für uns. Hier ist das Böse am Werk. Da sind wir machtlos! Mir wird schlecht."

Schließlich fanden sie in all dem Trubel einen rettenden Ausgang und atmeten erst einmal tief durch. Die von Jewgehnie erwartete Standpauke blieb aus. Stattdessen nahm der Meister seinen Schüler fest in seine Flügel und schenkte ihm eine weitere erbauliche Weisheit:

> Wer das ganze Elend
> seiner Artgenossen
> verstehen will,
> braucht sich nur
> ihre Vergnügungen
> anzusehen

Das überzeugte den fehlgeleiteten Schüler sofort und er versprach hoch und heilig sich demnächst von solchen Veranstaltungen fernzuhalten. Dafür revanchierte sich der Schüler seinerseits das erste Mal mit einem von ihm aufgeschnappten Spruch bei seinem Gönner

Fordere viel von
dir selbst und
erwarte wenig von
den anderen; so
wird dir viel Ärger
erspart bleiben

Der Meister schien gerührt, schluckte kurz, bedankte sich, schob ein Lob hinterher und mahnte zum Aufbruch. Nun galt es sich um das leibliche Wohl zu kümmern. Sie machten sich auf den Weg und mischten sich notgedrungen unter das Volk. Gerade bogen sie vom Hauptweg in eine Gasse ab, da entfuhr es dem Meister: „ Oh Gottegott, oh Gottegott, das gibt's doch nicht! Das ist doch Scheich Faisal Ibn Qual Dezimal! Potz Blitz!" Hinter einer Ladentheke stand der Rechenkünstler aus dem Oman. Der Scheich hatte inzwischen den Abakus erfunden, zum Patent angemeldet und war damit   stinkereich geworden. Einmal am schnöden Mammon geschnuppert konnte der Scheich den Hals nicht voll kriegen. Jedes Jahr veränderte er die Farben der Kugeln und redete den Moskowitern ein, das wäre jetzt der letzte Schrei, obwohl sich an der Funktion an sich rein gar nichts geändert hatte.

Doch es funktionierte prächtig und der Scheich stopfte sich genüsslich die Taschen voll. Als auch er den Meister entdeckte war er so erfreut, das er spontan sein Geschäft Geschäft sein ließ und unsere Freunde zum Essen einlud. Der Scheich war ein gern gesehener Stammgast im Gasthof "Zum hungrigen Bären". Sie bekamen einen Tisch am Kamin und eine Speisekarte, die es in sich hatte. Stand etwa Maitre Bosscuse in der Küche? Sie bestellten sich einen Jablotschnyi Sok und einen Apelsinowyi Sok. Zu gut Deutsch: Einen Apfelsaft und einen Apfelsinensaft, aber bitte nicht eiskalt. Dazu Makarony mit Lososina s limonom. Frei übersetzt:

Scheich Qual Dezimal

Makkaroni mit Lachs in Zitrone und zum Nachtisch gab es noch eine köstliche Kissel, eine Kaltschale vom Allerfeinsten. So fürstlich hatten sie lange nicht mehr gespeist. Der Scheich war ein großzügiger Gastgeber und bedauerte sehr, das nichts mehr in die prall gefüllten Bäuche seiner Gäste hineinpasste.

Dann gingen sie zum gemütlichen Teil des Abends über. Sie ließen die alten Zeiten hochleben, erinnerten sich der ehemaligen Weggefährten und die Zeit verging wie im Fluge. Scheich Dezimal erzählte ihnen auch wie es Dr. Krankenschein alias Sahib Blitzblank ergangen war. Das war wirklich eine unglaubliche haarsträubende Geschichte. Nachdem Dr. Krankenschein als Sahib Blitzblank bei Maitre Bosscuse wie besessen an der Verbesserung seines Karmas gearbeitet hatte und zu einer doch wertvollen Küchenhilfe geworden war erlernte er spielend die Grundbegriffe der Küchenkunst. Er spezialisierte sich auf die Verfeinerung der Nudelgerichte und erfand nebenbei einige bemerkenswerte Desserts.

Leider betrieb er sein Lokal, es hieß sinnigerweise „ Zum rollenden Rubel" nicht in Moskau, sondern viel weiter weg in Zetersburg , der heimlichen Hauptstadt von Frussland. Zetersburg war zwar nicht so groß wie Moskau, aber da regierte Wladimir Putenkopf mit seinen Spießgesellen. Und es gab die berühmten "Blauen Nächte", denen die Zetersburger das ganze Jahr entgegen fieberten. Sie ließen es sich allesamt gut gehen und hatten immer die Taschen voller Rubel. Der Meister kräuselte die Stirn, schaute dem Scheich tief in die Augen und fragte ihn „Wie kommt man ohne einen Rubel zu solch einem Etablissement?" Der Scheich schmunzelte und fuhr fort: „Ja, ja unser Doktor! Immer noch der Alte!" Nachdem er seine Karmaschulden beim Maitre abgearbeitet hatte juckte es ihn wieder in den Flügelspitzen. Er kaufte sich von dem wenigen gesparten Trinkgeld eine Monsumwindfahrkarte und verschwand am helllichten Tage. Er landete mittellos in Moskau und fing wieder damit an, wo er mit des Meisters Hilfe aufgehört hatte. Charmant wie er nun mal war, schlich er sich bei den obersten Tausend ein, küsste so ziemlich jeden Flügel derer, die sich selbst gerne etwas vormachten und log so schamlos wie in seinen besten Zeiten ...

Diesmal gab er sich bei der Damenwelt als Dr. Casanova aus. Er erzählte Schauermärchen, wie man ihn in Venezia in die berüchtigte Bleikammer eingesperrt hatte. Eine der übelsten Foltermethoden die man sich überhaupt vorstellen konnte. Er bekam eine ganz pelzige Zunge und wäre beinahe erstickt. Und das alles nur, weil er der blutjungen Tochter des Dogen erzählt hatte, er wäre ein berühmter Portraitmaler. Auch hätte er schon Königin Gummiflummi I von Pattaya portraitiert. Die Tochter des Dogen süß, unschuldig und reichlich naiv schnallte rein gar nichts, fühlte sich so geschmeichelt, das sie sofort bereit war als Modell für ein Aktgemälde zu posieren. Casanova hatte natürlich keine Farben geschweige denn ein Leinwand mitgebracht. Nein! Er wollte das blutjunge weiße Schwanenmädchen nur schnell vernaschen und sich dann fix aus dem Staub machen. Aber er hatte die Rechnung ohne den Herrn Papa gemacht. Die Palastwache schnappte sich den Unhold gerade noch rechtzeitig bevor das verkommene österreichische Subjekt sein schändliches Tun vollbringen konnte. Sie steckten den hilflos Zappelnden in die Bleikammer! Penelope das dumme Ding bekam vier Wochen verschärften Stubenarrest und musste obendrein jeden Tag dreihundertmal aufschreiben: „Ich darf mich nicht vor fremden Männern ausziehen". Seine abenteuerliche Flucht verdankte Casanova nur einem total tüdeligen Wärter, der den Schlüssel gedankenverloren im Schloss stecken ließ. Das war Dr. Casanovas wundersame Rettung!

Natürlich erzählte Dr. Krankenschein die wahre Geschichte aus Venezia nicht. Nein! Er erzählte den Damen, die an seinem Schnabel hingen, etwas von einer ungerechten Steuerschuld. Ent-

Maitre Casanova

kommen wäre er aus dieser schrecklichen Bleikammer nur, weil er vier Wärter niedergeschlagen hätte, ihnen dann die Schlüssel wegnahm, sich ein herrenloses Pferd schnappte, ihm die Sporen gab und wie durch ein Wunder flüchten konnte! Hossa! Oh Gotte Gott, wie entzückend, wie ist es nur möglich entfuhr es den Schnäbeln derer die ihn anhimmelten...

Und jedes Mal an dieser Stelle füllte sich der alte gerissene Taschendieb wieder seine Taschen mit Ringen, Juwelen, Armreifen und jeder Menge Bargeld. Zuhause angekommen fütterte er sein ewig hungriges Sparschwein und stopfte die gestohlenen Schmuckstücke in sein Kopfkissen. Es ging ihm wieder Gold. Doch den meisten Reibach machte Dr. Krankenschein mit Eiern. Diese dunklen Geschäfte waren sehr profitabel und doch so einfach: Er fälschte nämlich das Legedatum auf Eiern, die schon längst abgelaufen waren und aus sibirischen Gulageiern wurden plötzlich Wolgograder Freilandeier. So handelte er schon damals nach dem auch noch heute gültigen Gesetz: "Mit den geringsten Mitteln, den größtmöglichen Erfolg zu erzielen"....

Es war spät geworden und es wurde Zeit sich ein Schlafplätzchen zu suchen. Kein Problem sprach der Scheich, ich habe für meine Gäste immer zwei frischgemachte Schlafnester übrig. Der Meister und Jewgehnie mussten zwar 99 Stufen bis in die oberste Etage des Zwiebelturms hochkraxeln dafür waren die Schlafnester mit Seidenkissen gepolstert und sie hatten einen traumhaften Rundblick über das nächtliche Moskau. Überall brannten auf den Plätzen und in den Gassen die Fackeln. Es war ein faszinierender und gleichzeitig gespenstischer Anblick. Das gute Essen, der anstrengende Tag, das alles hatte viel Kraft gekostet. Soviel, das Jewgehnie seinem Meister ausnahmsweise nicht die schwieligen Hühnerfüße massieren musste, geschweige denn ihm einen Piccolino zu bauen. Nicht ein einziges Ooohhhmmmm war seinem göttlichen Schnabel entwichen und nun schnarchte er so laut wie drei bulgarische Braunbären im Winterschlaf. Irgendwie schaffte es Jewgehnie doch noch den Kopf unter seinen Flügel zu stecken und fiel sofort in den ersehnten Tiefschlaf.

Am nächsten Morgen waren beide wieder fit, gaben sich dem Frühsport hin und genossen die warmen Sonnenstrahlen. Der Scheich spendierte noch ein kleines Frühstück bestehend aus: Tschai, mineralnaja woda und mannaja kascha. Zu deutsch: Es gab Mineralwasser, Tee und Grießbrei. Sie ließen es sich schmecken und als Krönung seiner Gastfreundschaft schenkte ihnen ihr Gastgeber noch eine Reise in seiner goldenen Privatkutsche. Damit kommt ihr bequem und sicher nach Zetersburg , denn auf Frusslands Wegen treiben sich jede Menge Strauchdiebe herum. Sie bezeugten dem Scheich ihre Dankbarkeit, der Meister segnete den großzügigen Gönner und sie bestiegen die Kutsche. Darin lag noch ein Korb vollgepackt mit Reiseverpflegung. Als die Kutsche losfuhr, lehnten sie sich soweit sie konnten aus dem Fenster und winkten Scheich Qual Dezimal noch lange zu.

Sechs braune, struppige Panjepferde zogen die Kutsche und weil sie auf dem Kopf große rotweiße Federbüschel trugen, sahen sie doch irgendwie hübsch aus. In gemäßigtem Trott fuhren sie durch die schöne frussische Landschaft. Oben auf dem Kutschbock saß Igor, ein schweigsamer Ziegenbock. Er war ein waschechter Frusse. Ein einfaches, aber gutmütiges Wesen. Die überwiegende Mehrzahl der Frussen war sehr arm und extrem leidensfähig . Oft knurrte ihnen der Magen und wenn sie doch mal einen Rubel in der Tasche hatten gönnten sie sich einen schönen Tag. Sie machten ein Fass auf und luden alle Freunde ein. Dann wurde viel Wodka getrunken, ein Kartoffelschnaps der es in sich hat. Wodka macht heiter, fördert die Sangeskunst, spornt zur Rauflust an, je nachdem was und wieviel man vorher gegessen hat. Im schlimmsten Fall führt

Wodka zur Erblindung. Aber ohne heftige Kopfschmerzen wachte am nächsten Morgen nach solch einem Fest, selten ein Frusse auf. Aber Wodka war immer gut gegen Traurigkeit, schlechte Laune, Pollenflug, bittere Kälte und der Angst vor dem nächsten Winter. Es war einfach himmlisch, die alten Hühnerfüße auf so angenehme Art und Weise zu schonen. Der Bürzel versank tief in den goldenen Seidenkissen und der Meister wähnte sich wie im Paradies. Konnte es noch schöner im Nirwana sein? Aber so genau wollte er es dann doch nicht wissen, denn schließlich steuerten sie gemächlich, aber unaufhaltsam auf das Ziel ihrer Mission zu: Zetersburg!

Nun hatte Guru Niewahrnarr endlich Zeit in Ruhe über seinen Plan nachzudenken. Durch das tägliche Meditieren und vielleicht auch durch die Güte des Hanfes hatte sich sein kleines Hühnerhirn in all den Jahren bestens weiterentwickelt. Ein Westerwälder Huhn zum Beispiel verfügte unter günstigen Voraussetzungen über eine volle Gehirnkapazität von circa bestenfalls 9 Prozent. Guru Niewahrnarr hingegen brachte es auf stolze 33 Prozent. Damit ist allein schon bewiesen, das Reisen bildet. Die Westerwälder Hühner hingegen fühlten sich trotz ihrer gering ausgeschöpften Gehirnmasse sauwohl und nannten ihre eigene Blödheit: Bodenständigkeit!

Jewgehnie konnte nicht so lange still sitzen. Jung und neugierig wie er war, flog er zwischendurch ins Freie und erkundete die Umgebung. Plötzlich tauchte er zitternd und völlig aufgelöst wieder auf und ließ sich völlig erschöpft in die seidene Kutschenkissenlandschaft fallen. Meister, Meister stammelte der Unglückselige: „Ich habe Grauenvolles gesehen! Lange Schlangen von gebeutelten Hühnern die sich kaum mehr auf ihren Beinen halten können, schleppen sich in Richtung Osten. Sie werden von schwarzen Shamos, asiatischen Kampfhühnern mit Peitschenhieben angetrieben und keiner hilft ihnen." Bedrückt schaute der Meister seinen Schüler an und sprach: „Diesen armen Schwestern und Brüdern werden wir wohl auch nicht helfen können. Wir können nur eines tun: Putenkopf der Schreckliche muss weg! Das ist der Wille des Großen Poark! Darum fahren wir nach Zetersburg!"

Guru Niewahrnarr lehnte sich aus dem Fenster und rief Igor zu, er möge doch bitte einmal anhalten. Langsam rollte die Kutsche aus, Igor sprang von seinem Bock und schaute ratlos seine Fahrgäste an.

„ Gospodin, womit kann ich dienen?" Guru Niewahrnarr schilderte mit knappen Worten, was sein Schüler gesehen hatte. „ Oh, Gospodin, die Wolken des Unglücks ziehen übers Land. Das Böse kennt keine Gnade. Es ist die Omonbrigade von General Vernichtikow. Sie treiben die Gefangenen in die Verbannung nach Sibirien in den Gulag. Da müssen die Hähne Holz hacken und die Hennen werden dazu gezwungen pausenlos Eier zu legen. Denn in Sibirien ist es so bitter kalt, das die Eier so viel länger haltbar sind. Und die Hennen, die zu alt sind um Eier zu legen müssen Pampers aus Wollresten mit Naturschwammeinlagen stricken. Wenn die Armen es überhaupt überleben."

Der Meister schüttelte ungläubig seinen Kopf. Das mit den Eiern hatte er ja noch verstanden, aber was waren Pampers mit Naturschwammeinlagen? Davon hatte er noch nie gehört! Das ergab doch keinen Sinn! Wozu brauchte man so etwas?

Igor schaute sich immer wieder nach allen Seiten um und seine Augen flackerten. „ Gospodin können wir weiterfahren? In zwei Stunden wird es dunkel und der Gasthof ist noch weit!" Dann nahm er seine speckige Pelzmütze, zwängte die Hörner durch die ausgefransten Löcher und kletterte wieder auf seinen Bock. Igor schnalzte zweimal kräftig mit seiner Ziegenzunge, rief „ Dawei, Dawei " und schon zogen die Pferde wieder an. Diesmal ging es aber im zügigen Trab voran. Bloß weg von hier! Die Angst stand allen ins Gesicht geschrieben. Denn wer wollte schon bei eisigen Schneestürmen, klirrender Kälte und Kohldampf ohne Ende Holz hacken? Ängstlich lugten sie aus dem Kutschenfenster, sprachen kein Wort mehr miteinander und waren hocherfreut über die hereinbrechende Dunkelheit und darüber, das Igor die Kutschenlampen nicht anzündete. So lauschten sie dem Getrappel der Pferdehufe und waren dankbar, wenn Igor mit der Zunge schnalzte und fast zärtlich, aber doch energisch sein Dawei, Dawei Pferdchen rief. Draußen war es inzwischen so dunkel geworden, das man den Flügel nicht mehr vor den Augen sehen konnte.

Wie Igor es geschafft hatte den ersehnten Gasthof zu finden blieb sein Geheimnis. Plötzlich hielt die Kutsche, die Pferde wieherten erleichtert und Igor rief: „Wir sind da Gospodin!" Dann machte er sich daran die Pferde auszuspannen, abzureiben und sie mit dem verdienten Hafer zu versorgen.

Der Meister klopfte an die schwere Holztür und mit einem knarrenden Geräusch öffnete sie sich .

Vor ihnen stand ein großer dicker Bär, der trotz seiner beeindruckenden Größe einen gutmütigen Eindruck machte. „ Ich heiße Kolja," brummte er „ und das ist meine Frau Tamara." Er deutete mit seiner riesigen Tatze auf die offene Feuerstelle. Tamara stand mit dem Rücken zu ihnen und rührte emsig in einem großen Kupferkessel herum. „Dann kommt mal rein, es ist schon recht spät. Habt ihr denn auch Hunger mitgebracht?" Der Meister und Jewgehnie nickten stumm mit den Köpfen und ließen sich erschöpft in die Sandbäder vor dem offenen Kamin fallen. Das Essen war einfach, aber sehr schmackhaft. Es gab leckere Borschtschsuppe, eine Rote-Bete-Suppe die sich wundervoll schlürfen ließ, dazu Gretschnewaja Kascha, Buchweizengrütze mit Milch die richtig satt machte. Sie lobten Tamaras Kochkünste in den höchsten Tönen und bekamen dafür zum Dank noch eine Pelmeni sosmetanoi, eine gekochte Teigtasche mit saurer Sahne. Jetzt waren sie wirklich pappsatt.

In den letzten Tagen hatte sich der Meister unfreiwillig durch Müdigkeit und Erschöpfung der Askese hingegeben. Kein Zicke Zacke war seinem Schnabel entwichen. Nicht einen Piccolino hatte ihm sein treuer Schüler gebastelt. „Kolja," fragte er den Wirt: „Darf ich rauchen?" „ Nur zu, ich rauche gerne mit! Denn gestern waren die Omonknechte hier und haben meine Tabakernte gestohlen. Dieses dreiste Diebesgesindel. Nur gut das Tamara das meiste von unseren Vorräten noch schnell im Kamin verstecken konnte. Sonst hätten wir euch nicht bewirten können und auch wir müssten Hunger leiden. Putenkopf wird uns noch alle umbringen! Der Blitz soll ihn beim Sch ..." Weiter kam er nicht! Es klopfte. Igor steckte seinen Ziegenkopf zur Tür herein und fragte: „Gospodin, wann fahren wir morgen los?" „ Wenn der Nebel sich verzogen hat," bekam er zur Antwort und Igor verschwand wieder im Stall. Denn seine Pferde waren seine besten Freunde und er mochte keine Nacht ohne sie sein.

Jewgehnie hatte inzwischen einen gutgestopften Piccolino gebaut. Stolz überreichte er das stattliche Exemplar seinem Meister. Höflich fragte Guru Niewahrnarr ob Kolja des Hanfrauchens kundig sei?Tamara kicherte im Hintergrund und Kolja lachte dröhnend. Als er sich beruhigt hatte, brummte er: „Bevor ich Tamara kennen lernte, war ich jeden Abend breit! Und auch heute noch, kann ich einen ordentlichen Stiefel voll vertragen. Also heiliger Mann, mach die Tüte an!" Der Meister schmunzelte und reichte das Rauchgerät weiter an Kolja. Der schnupperte genüsslich an der Tüte, brummte aahhh Premium Hanf aus Afghanistan, schob noch ein lecker, lecker hinterher, griff sich einen Holzspan hielt ihn kurz ins Feuer und schon dampfte das Dämpfchen. Tamara kicherte wieder, schnupperte in der Luft herum und machte sich an ihrem Spinnrad zu schaffen. Nachdem der Piccolino aufgeraucht war, löste sich langsam Koljas Zunge ...

Was führt euch überhaupt in unsere Gegend, war seine erste Frage. Jewgehnie plapperte sofort los: „ Wir sind auf dem Weg nach Zetersburg! Wir suchen Wladimir Putenkopf den Schrecklichen! Er soll dort seinen Palast haben und von da aus sein Unwesen treiben!" „ Und ob er das tut," bejahte Kolja. „ Dabei kenn ich Wladimir schon seit er drei Jahre alt war. Er war immer ein stilles Kind. Wladimir träumte immer davon ein richtig starker Adlerjunge, ein Orijonok zu sein. Aber er war blasses, schmächtiges Putenkind! Seinem Vater konnte er es nie recht machen. Fast jeden Tag bekam er eine Tracht Prügel. So lernte er leidvoll seine erste Lektion fürs Leben: Starke sind immer im Recht, Schwache werden geschlagen. Später trieb er viel Kraftsport um auch kräftig zu werden, damit er sich wehren konnte. Als er endlich so stark geworden war, um den Schwachen zu helfen, tat er das, was sein Vater ihm angetan hatte: Jetzt quälte er die Schwächeren und berauschte sich an seiner neugewonnen Macht. Seitdem ist er ist noch grausamer und brutaler geworden. Mitleid und Gnade kennt ein Putenkopf nicht. Keiner mag ihn! Alle haben große Angst vor diesem Ungeheuer. Aber irgendwann wird er für all seine Verbrechen bezahlen müssen!" Jewgehnie und der Meister nickten stumm und Kolja meinte er wäre hocherfreut, wenn Jewgehnie noch solch einen strammen Piccolino basteln würde. Der ließ sich nicht zweimal bitten. Zwar durfte der kleine Tütenbauer noch nicht mitrauchen, aber in geschlossenen Räumen, mit niedrigen Decken und geschlossenen Fenstern gab es immerhin eine sanfte Dröhnung gratis. Doch das Zicke Zacke Hühnerkacke mit anschließendem Ooohhhmmmm bewahrte ihn auch in dieser Nacht vor dem gefürchteten Dauaaua, den üblen Kopfschmerzen nach heftigem Hanfgenuss. Kolja und der Meister rauchten still und zufrieden den Piccolino bis der Hausherr wieder das Wort ergriff...

Tamara und Kolja

„Bei aller Angst und Wut die uns Tag ein Tag aus begleitet, soll es doch bald Hoffnung geben! Es ist noch gar nicht lange her, da kehrte eine Seherin bei uns ein. Mukha aus Nowosibirsk. Eine heilige Frau, die überall erzählt, das bald eine heiliges Huhn aus dem fernen Westerwald nach Zetersburg eilt, um uns von diesem Despoten zu befreien." Guru Niewahrnarr senkte seinen Blick zu Boden, schluckte kurz, ließ sich aber nichts anmerken. „ Seit Jahren ist Putenkopfs Geheimpolizei hinter ihr her. Weil sie sich aber, geschickt wie eine Fliege, nicht fangen lässt, nennen alle Unterdrückten sie liebevoll Mukha "die Fliege".

Plötzlich verdrehte Kolja seine Augen, die so wild flackerten, wie alte Glühbirnen die ihren Geist aufgeben. Dann sprang er auf und sang mit seiner dröhnenden Bärenstimme: „ Zicke Zacke, Schweinebacke Putenkopf du alte Schweinebacke, Zicke Zacke ich mach dich platt!" Dazu legte er locker aus der Hüfte eine beeindruckend leichtfüßige Tarantella auf 's Parkett. Plötzlich wie vom Blitz getroffen fiel er krachend rücklings zu Boden, zuckte und zappelte noch kurz mit seinen Armen und Beinen und brummte noch dreimal leise „ Schweinebacke, Schweinebacke, du alte miese Schweinebacke" ..... bevor er laut schnarchend auf dem Fußboden einschlief. Betroffen schauten sich der Meister und Jewghenie an. Was für einen Vorstellung! Tamara schaute mit großen Augen zur Tür herein und murmelte: „ Alles in Ordnung? Verzeiht! Mein Mann ist sehr temperamentvoll! Ich wünsche noch eine gute Nacht." Dann verschwand sie wieder ...

Es war wirklich ein langer anstrengender Tag gewesen und auch unsere Freunde waren plötzlich sehr müde. Damit auch wirklich keiner am nächsten Tag Dauaaua vom Hanfrauchen hatte, spendierte der Meister für alle ein besonders kräftiges Zicke Zacke Hühnerkacke mit einem liebevoll eingeschobenem Ooooohhhmmmm ...

Tamara hatte für die Gäste zwei besonders gemütliche

Schlafnester hergerichtet, die auch gerne und dankbar angenommen wurden, denn ein weiterer, anstrengender Tag stand vor der Tür. Am nächsten Morgen waren alle wieder frisch, wie Gänseblümchen im Morgentau. Nur Kolja hatte am Hinterkopf eine dicke Beule. Aber keiner hatte Dauaaua und das war das Wichtigste. Dafür gab es typisch frussisch gleich zum Frühstück eine warme Mahlzeit: Warme Würstchen, Kascha als Brei oder Grütze. Sie konnten wählen zwischen Grießbrei oder Buchweizengrütze mit Milch. Würstchen waren nicht so nach ihrem Geschmack. Tamara holte auch Iwan aus dem Stall und bestand darauf, das auch er mit ihnen frühstückte. Schweigend machte er sich über die Würstchen her, was für eine Ziege sehr ungewöhnlich war.

Nachdem sich alle satt gegessen hatten, erzählte Kolja noch einiges über den verhassten Putenkopf.

So erfuhren die staunenden Freunde, das er ein begeisterter Großwildjäger war. Am liebsten jagte er den sibirischen Tiger. Die wohl gefürchtetste Raubkatze die es in Frussland gab. Die armen Bauern verdienten sich als Treiber ein paar Kopeken dazu. So mancher Treiber musste sein Leben bei dieser ungleichen Jagd lassen. Die Armen wurden gezwungen vergiftete Wildtiere im Wald auslegen, damit Putenkopf ein leichtes Spiel hatte. Fanden sie dann einen vergifteten Tiger, dann bliesen sie alle ins Jagdhorn. Sofort kam Putenkopf auf seiner Lieblingsstute Suleika angeritten, rammte dem schon toten Tiger seinen gefürchteten Dreizack in den Bauch und präsentierte sich seinem Hofmaler Pinselkow als erfolgreicher Großwildjäger. Es gab viele solcher Bilder: Tiger, Bären, Elche, Hirsche, Störe, Hechte und Welse! Alles was ihm vor seinem Dreizack kam, wurde auf hinterhältige, grausame Art und Weise gemeuchelt.

Das mit den Bären machte Kolja naturgemäß am meisten wütend. Die bedauernswerten Bauern wurden nicht wie verspro-

Putenkopf mit Bär

chen mit Kopeken belohnt! Im Gegenteil: Sie wurden in Ketten gelegt und mussten im tiefsten Sibirien lebenslänglich Holz hacken. So war sich Putenkopf sicher, das sein schändliches Tun nicht ans Tageslicht kam. Bei all dem Traurigen was Kolja zu erzählen hatte, hellte sich sein Gesicht schlagartig auf, seine Augen leuchteten wie Wunderkerzen und sein dröhnendes Lachen füllte die Gaststube. Tamara kicherte wieder im Hintergrund. Sie ahnte wohl was jetzt kam! Kolja beruhigte sich wieder und flüsterte: Putenkopf ist nicht ganz dicht! Ich meine untenrum! Dann lachte er wieder dröhnend los, haute krachend mit den Tatzen auf den Tisch, so doll, das Tamara erschrocken rief: „ Kolja, denk an unsere Möbel!"

Sie steckten die Köpfe zusammen und konnten nicht glauben was sie hörten ... Unglaublich, Wladimir Putenkopf war ein Windelträger. Keiner im Hofstaat durfte das Wort Windel überhaupt mit einem Sterbenswörtchen erwähnen, sonst war er tot. Oder er fand sich im Straflager wieder.

Weil man ja nicht Pssst ... Windeln sagen durfte, erfand der Leibarzt des Despoten ein völlig neues Wort für die Pssst ... die Dinger hießen jetzt Pampers! Und warum müssen soviele alte Hennen jeden Tag die Pampers stricken? Es dauert immer sehr lange bis das Symbol seiner Macht, der gruselige Dreizack eingestickt ist. Es sind immer mehr als ein Dutzend!

Es gibt überall im Lande Denkmäler von Fürst Putenkopf: Wladimir mit totem Tiger, Wladimir mit totem Riesenhecht, Wladimir sitzt auf Suleika oder Wladimir mit seinem Dreizack! Aber nicht ein Denkmal zeigt Fürst Wladimir beim Windeln wechseln. Wieder lachte Kolja dröhnend und haute seine Tatzen auf den Tisch. Schnell hielten alle ihre Schalen und Becher fest. Igor machte plötzlich ein ernstes Gesicht, stülpte sich seine speckige Pelzmütze über die Hörner und mahnte zum Aufbruch. Sie hatten die Zeit vergessen! Der Meister wollte sich für die frischen Sandbäder, die kuscheligen Schlafnester und all die Köstlichkeiten erkenntlich zeigen, aber Tamara und Kolja lehnten entrüstet ab. Das höchste Gut für Frussen ist schließlich die Gastfreundschaft! So kommt ihr aber nicht auf den berühmten grünen Zweig schmunzelte der Meister im Stillen und gab dem gutherzige Bärenehepaar seinen Segen. Jewgehnie durfte noch fix drei Piccolinos für Kolja bauen und bekam von Tamara und Kolja einen dicken Abschiedskuss. Dann kletterten sie schnell in die Kutsche, Igor schnalzte kurz mit der Zunge und die sechs ausgeruhten Panjepferdchen zogen an.

Leichter Nieselregen gab der Landschaft am heutigen Tag einen fast melancholischen Anstrich. Doch die Pflanzenwelt schien sich sehr über die unerwartete Feuchtigkeit zu freuen. Es schien so, als leuchtete das Grün der Blätter viel stärker als gestern und auch die Blumen reckten ihre Hälse in den Himmel. Gut das ihnen der Scheich die Kutsche mit dem treuen Igor spendiert hatte. „ Ein Dach über dem Kopf ist bei Regen und bei Sonnenschein gleichermaßen löblich," philosophierte der Meister. „ Und die Räder schonen unsere schwieligen Hühnerfüße," ergänzte Jewgehnie etwas vorlaut. Trotzdem bekam er ein dickes Lob gespendet. Dann nutzten sie die Gelegenheit während der Fahrt zu meditieren um ihre Synapsen wieder ein wenig aufzuladen. Sie ließen ihren Schnäbeln schließlich ein befreiendes Ooohhhmmm entgleiten und fühlten sich danach so pudelwohl wie seit langem nicht mehr...

Guru Niewahrnarr ertappte sich plötzlich wie er gedankenverloren wieder die alte Westerwälder Weise summte: „Oh du schöööner Weesterwald über deine Höhen pfeift der Wind so kalt". Sofort tauchte vor seinem geistigen Auge der Westerwälder Dorfplatz mit den alten Kumpels auf, die ihm beim letzten Besuch so übel die Hucke vollgehauen hatten. Da musste er schmunzeln und sprach zu sich selbst: „Gut gemacht Adolf, alter Junge!" Seinen Westerwälder Peinigern hatte er schon längst vergeben. Das seine gut gemeinte Bekehrungsmission damals nicht gefruchtet hatte, war schon lange vergessen.

> Wer Großes versucht,
> ist bewundernswert,
> auch wenn er fällt.

Guru Niewahrnarr genoss das leichte hin- und herschaukeln der Kutsche und schaute sich seinen Schüler an. Jewgehnie hatte die ewige Schaukelei müde gemacht. Jetzt träumte er von seinem ersten selbstgerauchten Piccolino und was dann wohl alles passieren würde. Auf keinen Fall durfte er dann das Zicke Zacke Hühnerkacke vergessen! Der Meister schaute sich seinen schlafenden Schüler an und dachte bei sich, das dies wohl die beste Tat in seinem Leben war, sich Jewgehnies anzunehmen, seitdem er vor Jahren Meister Dotter Dotters Erbe angetreten hatte. Es konnte nicht besser laufen: Jewgehnie war ein wirklich wissbegieriger Schüler, baute wundervolle Piccolinos, war nicht vorlaut und das Wichtigste: Er hatte ein goldenes Herz! Nach allem was Kolja von Wladimir Putenkopf erzählt hatte stimmte die alte Weisheit wirklich:

> Es sind die Schwachen,
> die grausam sind.
> Freundlichkeit und Güte
> dürfen wir nur von
> den Starken erwarten .

Der Nieselregen hatte aufgehört! Die Sonne war endlich aufgestanden. Da war es eine große Freude sich das farbenprächtige Feuerwerk der Natur anzusehen. Alle Tiere in Wald und Flur waren voller Energie. Sie sprangen wie wild umher, flatterten und segelten ausgelassen durch die Lüfte oder sprangen übermütig aus dem Wasser. Kurz musste der Meister an den wüsten Gorby denken, der hoch in seiner bizarren Berglandschaft nur Eis, Schnee, Nebel und eiskalte Winde kannte. Aber dafür brauchte er auch keine Angst vor grausamen Despoten und anderem Gesindel zu haben.

Plötzlich rief Igor mit seiner meckerigen Stimme: Zetersburg in Sicht!

Endlich jetzt konnte das große Abenteuer beginnen. Guru Niewahrnarr hatte sich einen wahrhaft genialen Plan ausgedacht. Von weitem sahen sie schon die riesigen Stadtmauern, die Zwiebel-türme, die weißen Paläste und oh Schreck überall standen links und rechts am Wegesrand Galgen, an denen die baumelten, die gegen die Verbrechen ihres Fürsten aufbegehrt hatten oder einfach nicht ihren Schnabel halten konnten. Der Meister zog die Vorhänge zu. Es war einfach zu gruselig! Kein Wesen mit gütigem Herzen konn-te diesen Anblick ertragen. So rumpelte ihre Kutsche dem großen Stadttor entgegen. Die Zöllner grüßten Igor kurz, denn sie kannten die goldene Kutsche des Scheichs.

Da die Gardinen zu waren, dachten sie der Scheich persön-lich reise zu Putenkopfs Geburtstag an. Da war eine Kontrolle über-flüssig, denn der Scheich hatte einen Diplomatenpass. Glück ge-habt! So kamen unsere Freunde ohne Gepäckkontrolle in die Stadt. Dem großen Pooark sei Dank! Der Hanf war gerettet! Igor hielt genau vor dem Gasthof „Zum rollenden Rubel", wünschte seinen Fahrgästen noch viel Glück! Zog eine kunstvoll bemalte Matrjosch-ka aus seiner Wattejacke, drückte sie dem Meister in den Flügel und flüsterte: „Die braucht ihr noch!" Dann wendete er wortlos seine Kutsche und fuhr zum Stadttor hinaus. Es war wirklich ein sehr be-eindruckendes Haus: Große Fenster mit bunten Markisen eine große schwere Holztür mit grünen Girlanden die mit bunten Blumen ver-ziert waren.

Igor

Und über der Tür hing ein großes Schild worauf geschrieben stand: „Hoch lebe der Meister." Guru Niewahrnarr kräuselte seine Stirn und sprach zu sich: Meinen die mich? Nein, das konnte nicht sein, denn in Zetersburg kannte ihn ja niemand! Vorsichtig klopfte der Meister mit seinem rechten Flügel an die Tür. Plötzlich, wie von Geisterhand geöffnet, wurde sie einen Spalt aufgetan, eine Laufente steckte ihren langen Hals durch den Türspalt und quakte unwirsch: „Wir haben noch zu! Heute ist geschlossene Gesellschaft!"

Gerade wollte die unhöfliche Ente die Tür zu schlagen, da äffte Jewgehnie sie nach und quakte: „Wir wollen zu Maitre Casanova! Mein Meister ist ein guter Freund deines Herrn „Dalli, Dalli! Mach hin!" Verärgert und verunsichert runzelte der Domestik seine Stirn und knurrte: „Wartet!"

Es dauerte nicht lange da ging die Tür wieder auf und vor ihnen stand Dr. Krankenschein! Der wußte nicht ob er lachen oder weinen sollte, breitete dann aber doch seine Flügel aus und rief: „Meister, Meister welch ein Glanz in meiner bescheidenen Hütte." Dann faselte er etwas von den guten alten Zeiten, lobte die Weisheit des Meisters und bat die Beiden in die gute Stube. Zur Erfrischung gab es Felsquellwasser aus dem Kaukasus. Erfrischend und belebend. Dann erzählte Dr. Krankenschein wie aus ihm nach vielen Abenteuern Maitre Casanova wurde. Die Zeit in der Bleikammer und die viele anderen Missetaten verschwieg er geflissentlich. Wäre der Meister dem Doktor heute das erste Mal begegnet, so hätte er ihm alles geglaubt. Soviel Wiener Schmäh, dem war wirklich schwer zu widerstehen. Im Restaurant rannten viele hektische Laufenten umher. Sie hatten sonderbare schwarze Anzüge an, die sie stolz Smoking nannten. Darin sahen sie aus wie nachgemachte Pinguine. Alles war in heller Aufregung, denn heute kam der Ehrengast: Fürst Wladimir Putenkopf ! Dazu im Gefolge sein ganzes Parlament, die Duma. Eine eingeschworene Clique von Jasagern.

Die sich auch mal zwischendurch leidenschaftlich untereinander prügelten. Aber wenn es um Moral und Recht ging wurde immer das abgesegnet was Putenkopf von Ihnen wollte. So lebten alle ohne Gewissensbisse fröhlich in den Tag hinein, gingen zur Jagd und zum Eisangeln , spielten Mau Mau oder Schlapp hat den Hut verloren. Und wenn all das sie zu Tode langweilte, dann griffen sie zu ihrer Allzweckwaffe: Wodka mit Büffelgras! Minuten später war die Welt für diese Frussen wieder in Ordnung !

Maitre Casanova hatte wirklich was die Kochkunst anging große Fortschritte gemacht! Seine selbstgemachten Teigwaren waren eine einzigartige Köstlichkeit. Seine Spezialität: Penne al arrabiata mit weißen oder schwarzen Trüffeln, Spaghetti mit ketowaja Ikra, roten Kaviar oder tschjornaja Ikra schwarzen Kaviar. Dazu viele leckere Fischsuppen und Vorspeisen. Aber etwas völlig Neues fehlte noch im heutigen Dessertangebot: "Wackelpudding", platzte es aus Jewgehnie heraus!

Den Wackelpudding des Meisters lobte er in den höchsten Tönen und behauptete steif und fest, er würde sogar für diesen Gaumenschmaus sterben, so lecker wäre dieser Nachtisch.

Dr. Krankenschein überlegte kurz und schon stand sein Plan fest. Den ganzen lieben Tag hatte er schon überlegt, was er seinem Ehrengast denn für eine neue Kreation an seinem Geburtstag kredenzen könnte. Das war's doch: Guru Niewahrnarrs Wackelpudding. Und zwischen Grün und Rot fiel die Entscheidung auch nicht schwer! Es musste unbedingt Rot sein, denn die Lieblingsfarbe des Fürsten war nämlich Blutrot. „ Darf ich denn zur Feier des Tages dem Fürsten ausnahmsweise sagen der Wackelpudding wäre meine neueste Kreation?" fragte Dr. Krankenschein listig? „ Ja mein Sohn! Das darfst du gerne!" „Versprochen?" „Versprochen!"

Sofort hatte der Meister ein schlechtes Gewissen! Ihre Blicke trafen sich und sein Schüler merkte sofort was seinen Meister

Maitre Casanova

bedrückte. Er nahm ihn in seine Flügel und flüsterte ihm zu: „ Ist doch für einen guten Zweck!" Der Meister nickte stumm, drückte seinen Schüler seinerseits an sich und sprach: „ Dann aber ab in die Küche! Sofort und gleich die machen reich!" Sie schlossen die Küchentür hinter sich zu und taten das, weswegen sie nach Zetersburg gekommen waren: Frussland von Putenkopf dem Grausamen zu befreien. Für einen Koch war diese Küche wahrlich ein Paradies! Das war die alte Schule von Maitre Bosscuse. Kupferkessel in allen Größen, Holzlöffel in allen Variationen und blankgescheuerte Töpfe. Endlich konnte die Operation Wackelpudding beginnen.
Paschli !!! Paschli !!!

Eifrig machten sie sich ans Werk. „ Jewgehnie, mein Lieber brösel schon mal den Hanf so klein wie du kannst. Der Mörser steht hinter dir im Regal." Der Meister klatschte voller Vorfreude in die Flügel. Aber wie war das nur noch mit dem Rezept von Olga der alten Babuschka? Waren es 13 Liter Wasser und 30 Löffel Zucker? Oder war es umgekehrt? „ Jewgehnie, wie war das noch mit dem Wackelpuddingrezept von der Babuschka ...?"

„ Man nehme drei Liter feinstes Quellwasser, gebe 15 Löffel Zucker hinzu und pro Liter 250 Gramm fein gemahlene Knochenmarkgelantine vom Yak. Das ganze Gebräu sorgfältig umrühren, den Sud vom vorher abgekochten Waldmeister oder Himbeermeister dazugeben und kurz aufkochen. Dann schüttet man alles in eine große Glasschale und lässt es in Ruhe auskühlen." „ Toll mein Junge! Du hast uns gerettet." Jewgehnie strahlte wie ein Honigkuchenpferd! Er liebte es gelobt zu werden! Auch hatte er inzwischen schon fast den ganzen Hanfvorrat so klein gestampft, das dieser aussah wie winzige kleine Läusekinder. „ Putenkopf, das wird dich erleuchten," lachte der Meister, schütte die Zutaten in einen Topf und rührte alles kräftig um. Kurz erhitzt und nicht gekocht. Dann aber schnell damit in den Eiskeller! Der kalte Wackelpudding bekam später als Krönung noch ein Sahnehäubchen spendiert. Da konnte wirklich niemand widerstehen. Dieses war der erste Streich! Plötzlich, unsere Hobbyköche waren noch beim Abwasch klopfte es an der Tür! Ich habe Hunger, rief jemand. Der Meister öffnete die Tür und vor ihm stand Frankie Huhnatra. Doch man musste wirklich zweimal hinsehen. Frankie trug einen Frussenkittel mit Folklorestickereien und auf seinem Kopf thronte eine Fellmütze wie Igor sie trug. Nur ohne Hörnerlöcher. Frankie sah verlegen aus, als wäre ihm das alles sehr peinlich. Und auch seine Augen hatten nicht mehr den Glanz von früher und sahen traurig aus. Der Meister fragte besorgt: „ Frankie wie geht es dir?" „ Ja, ja Meister," log Frankie, „ ich wollte mal wieder was anderes machen. Bin auf großer Frusslandtournee. Völlig neue Lieder! Heute abend singe ich für Fürst Wladimir Putenkopf zum Geburtstag. Ihm zu Ehren habe ich ein Geburtstagsständchen komponiert. Aber bevor ich mich einsinge muss ich unbedingt etwas essen! Was habt ihr Leckeres da?" Es gab nur Moloko und Piroschki, also Milch und Pasteten. Frankie nahm sich was er brauchte und verschwand.

Frankie war nicht mehr der Alte! Seine kraftraubenden Auftritte hatten ihn müde gemacht. Eine Zeitlang hielt er sich noch mit Vallerievallerumfahrten - so etwas wie Kaffeefahrten - in Pattaya über Wasser, bis ihn auch seine ältesten Fans im Stich ließen. Schließlich nach einer langen schöpferischen Pause versuchte er ein musikalisches Comeback. In Frussland nannte er sich Rocco di Casa. Frankie war wirklich tief gesunken. Armer Frankie! Maitre Casanova kam aus dem Kühlkeller und lobte den Wackelpudding in den höchsten Tönen. Er lud Guru Niewahrnarr und seinen Schüler zur Geburtstagsparty ein. Popen und heilige Hühner waren stets willkommene Gäste bei der Obrigkeit. Dankend wurde die Einladung angenommen. Bis dahin war noch Zeit genug um sich ein wenig in Zetersburg umzusehen. Es war nicht so laut und stinkig

Rocco di Casa

wie in Moskau. Ganz im Gegenteil: Hier ging alles etwas ruhiger und gesitteter zu. Hier mussten viele wohlhabende Frussen wohnen, denn die Stadt war reich an schönen Häusern und Palästen. Kein Wunder, denn hier wohnte die Macht, die Oligarchen und sonst noch alles was Rang und Namen hatte. So schlenderten die beiden Fremdlinge völlig entspannt am Ufer der Newa entlang bestaunten die phantasievollen Springbrunnen, machten noch einen Ausflug zu den Friedhöfen des Newski-Klosters wo viele berühmte Frussen lagen, von denen sie keinen kannten.

Schließlich fanden sie ein stilles Plätzchen in einem abseits gelegenen Park. Jewgehnie baute seinem Meister einen Piccolino von dem wenigen Hanf der ihnen noch geblieben war. Der belohnte seinen Schüler mit einem besonders lang gezogenem Ooooohhh-hmmm...

Die Dämmerung brach herein und es wurde Zeit zurück zu gehen. Langsam machten sich die Beiden auf den Weg. Rund um den Gast-hof wimmelte es von Omonschergen in ihren schwarzen Uniformen Vor dem Eingang standen Diener mit Fackeln Spalier. Dann rausch-te Putenkopf auch schon in einer offenen Kutsche heran. Er sprang heraus, fuchtelte kurz mit seinem gefürchteten Dreizack herum und schon verschwand er mit seiner Leibgarde den Shamoshühnern im "Rollenden Rubel". Der Meister und Jewgehnie verschafften sich Zutritt durch den Domestikeneingang. Gut das Dr. Krankenschein ihnen die Parole des Abends verraten hatte: „Bürzelzucken" war die Eintrittskarte für den heutigen Abend.

Dr. Krankenschein alias Maitre Casanova war in seinem Ele-ment! Jeder Gast, egal wie dämlich er auch war, wurde mit Dottore und Kratzfüßchen empfangen. Die Damen bekamen Flügelküsse und Komplimente ohne Ende, auch wenn sie potthässlich waren. Das war alte österreichische Tradition in Reinkultur. Eben Wiener Schmäh! So langsam trudelten alle Gäste ein. Der Saal füllte sich.

Maitre Casanova hielt eine Begrüßungsrede gespickt mit Lobhudeleien aller Art. Ein Toast jagte den Nächsten. Und jedes Mal kippten sie sich eine Wodkawässerchen hinter die Binde. Nur Putenkopf, Guru Niewahrnarr und Jewgehnie tranken nicht. Die Stimmung war prächtig!

Rocco di Casa betrat die Bühne, flankiert von zwei Akkordeon - und drei Balalaikaspielern. Dieser Abend sollte auch sein Abend werden! Geschickt eroberte er die Frussenherzen gleich mit seinem ersten Lied ...... Mein Frussland, du bist schöner als jeder Edelstein .... danach folgte nahtlos ...... Ein weißer Birkenwald im roten Abendlicht ...... Als Krönung des ersten Auftritts gab es noch „Von Zetersburg nach Novigrad da reit ich auch bei 30 Grad, ob Sommer oder Winter"...

Das Publikum war begeistert. Ein Fremdling, der die Sehnsucht der frussischen Seele begriffen hatte!

Rocco genoss seinen Applaus! Er rief immer wieder Spasiba Spasiba - Danke Danke und winkte ausgelassen mit seinen Flügeln. War Frankie schon wieder der Alte? Warten wir es ab ...

Jetzt wurde es aber Zeit sich über all die Köstlichkeiten herzumachen. Es waren Teigwaren in allen Farben aufgetischt. Schwarze, grüne, gelbe, rote, blaue und rosa Nudeln waren mit allerlei Zutaten angerichtet. Es gab keine Provinz im riesigen Frussenreich die nicht eine eigene Spezialität zu diesem Ehrentag ihres Führers beigesteuert hatte. Damit man auch wußte woher all die Leckereien kamen, steckte in jeder Schüssel ein Fähnchen in den jeweiligen Landesfarben. Es wurde gefuttert, gelacht und getratscht. An diesem Abend merkte man überhaupt nicht, das hier eine widerliche, verkommene Blutsaugerbande Party machte. Ganz im Gegenteil ... Der neutrale Beobachter konnte sich des Eindrucks nicht erwehren: Da feiern keine bösen Wesen, die sind wie Du und ich! Nur ein bisschen anders ...

Guru Niewahrnarr und Jewgehnie hatten von all den Leckereien gekostet, sich die Bäuche gefüllt und ein schönes Plätzchen
gefunden, von wo sie den ganzen Laden im Blick hatten. Sie warteten auf eine günstige Gelegenheit um das zu tun, was zu tun war.
Unverhofft stand einer von Putenkopfs Leibwächtern vor ihnen.
„Was wollt ihr denn hier," blaffte er barsch unsere Freunde an? Der
Meister winkte ihm freundlich zu, das er sich doch bitte herunter-
beuge. Kaum hatte der Unsympath sich gebückt, krähte Jewgehnie
ihm ins Ohr: "Bürzelzucken"!!! Der schüttelte sich kurz, richtete
sich auf und verschwand im Getümmel. Dr. Krankenschein und
dem Großen Pooark sei Dank! Das hätte auch schief gehen können!
Das wäre eine große Katastrophe!

Lag es am Wodkaverzicht? Auch Putenkopf ließ es sich gut-
gehen! Er hatte alles im Griff und einen totalen Überblick. Nur den
Meister und seinen Schüler sah er nicht. Die saßen im toten Winkel!
Nun stand noch der nächste Auftritt von Rocco di Casa auf dem
Programm. Da stand er auch schon wieder auf der Bühne. Der
Lichtkegel des Scheinwerfers beleuchtete nur den Tausendsassa
der frussische Volksmusik. Seine Begleitmusiker verschwanden im
Halbdunkel der kleinen Bühne.

Wie zu seinen besten Zeiten und gestärkt durch das rhythmi-
sche Klatschen seiner Fans pumpte Frankie Huhnatra alias Rocco di
Casa sich dreimal kräftig sein Zwerchfell auf, öffnete den Schnabel
hauchte Spasiba, Spasiba und breitete seine Flügel aus. Leise fast
zärtlich erklang die erste Balalaika.

Da Da Dada Dada Da ... Pling Pling ... Dada Dada Dada Da
... Pling Pling .... und schon stiegen die anderen Musiker mit ein ...
Da Da Dada Dada Da ... Pling Pling ... und jetzt legte Frankie los ....

Wladimir, Wladimir

Wladimir Putenkopf
Du bist unser klügster Kopf
Du bist unser großer Meister
Ha ha ha ha ha ha

Wladimir, Wladimir
Wladimir Putenkopf
du bist so ein starker Mann
der jeden Tiger jagen kann
Ha ha ha ha ha ha

Wladimir, Wladimir
Wladimir Putenkopf
Du bist so ein großer Fürst
der uns zu viel Reichtum führt
Ha ha ha ha ha ha

und jetzt alle! Das ließen sich die angeschickerten Frussen nicht zweimal sagen. Der Saal kochte! Wieder einmal hatte Frankie ins Schwarze getroffen. Das war noch nicht alles! Völlig aus dem Häuschen ging er plötzlich in die Knie, sein Bürzel berührte fast die Bretter die die Welt bedeuteten, verschränkte seine Flügel vor der Brust und schmiss abwechselnd seine Beine von sich. So tobte er minutenlang über die Bühne. Ohne umzufallen! Die enthemmten Frussen waren geschockt, spülten denselben mit einem großen Wasserglas Wodka runter und machten es dem verrückten Sänger nach. Diesen Tanz nannten sie nach dem Schock und seinem Erfinder Rocco di Casa ... Kasatschok!

So eine Geburtstagsparty hatte Frussland noch nicht gesehn. Da waren die legendären Polonaisen des Kleine Khan Kaffeekränzchen gegen. Allein Fürst Putenkopf zügelte sein Temperament. Oder hatte er überhaupt keines? Wer wußte das schon? Immerhin schien ihm das ganze Spektakel zu gefallen. Wer so feiert und trinkt macht keine Revolution war sein Credo.

Irgendwann ging allen die Puste aus, ihre Knie schmerzten und die Kehlen waren ausgedörrt. Schnell wurde nachgespült und alles sehnte sich nach einer Zugabe. Profi, wie er nun mal war, verschwand Frankie hinter der Bühne und ließ das johlende Publikum ein wenig warten. Dann betrat er wieder die Bühne legte die Flügelspitze auf den Schnabel ließ diesem ein langgezogenes Pssssttt entgleiten, hauchte wieder zweimal das einzige frussische Wort was er beherrschte: Spasiba, Spasiba und auf einmal war es wirklich mucksmäuschenstill. Jetzt hatte Frankie sein Publikum endlich im Griff. Von diesem Tag hatte er so lange geträumt. Jetzt war er wieder der Alte! Liebe Freunde, ich danke euch für eure Gastfreundschaft und euren Applaus ......

Hoch lebe unser geliebter Fürst Putenkopf
Hoch lebe unser geliebtes Zetersburg
Hoch lebe Mütterchen Frussland
Zicke Zacke Hoi Hoi Hoi
Zicke Zacke Hoi Hoi Hoi
Hurra Hurra Hurra

Dann sangen alle gemeinsam die Zetersburger Nationalhymne...

Zetersburg Zetersburg
ja du bist die schönste Stadt
die so viele Brücken hat
und so schöne Gassen

Du hast eine feine Küche
davon zeugen die Gerüche
in der Newa schwimmt der Fisch
immer fangfrisch auf den Tisch

Und dein Himmel ist so blau
jeder hat ne schöne Frau
deine Klöster sind voll Gold
und die Mädchen sind so hold

Da rollten die ersten Tränen, denn die frussische Seele war tief und leicht gerührt, wenn es um Lieder und die Dichtkunst ging. Egal sagte sich Frankie: Hauptsache ich bin wieder im Geschäft! Putenkopfs Leibarzt und Vorkoster Doktor Pjodre Kotzekow ein Schwarzstorch aus Weißfrussland begann von allen Speisen die extra für seinen Herrn zubereitet waren zu kosten. Hier ein Häppchen, da ein Löffelchen und von jedem Getränk ein Schlückchen. Er beugte sich tief zu seinem Gönner herunter und flüsterte ihm etwas zu, was im allgemeinen Lärm unterging. Aber an der zufriedenen Miene und dem Tätscheln des Schnabels seines Leibartztes wurde auch so deutlich, das wohl alles in bester Ordnung war. Lautlos wie er gekommen war, verschwand Doktor Kotzekow durch einen Hinterausgang.

Die Laufenten in ihren eleganten schwarzen Anzügen räumten auf ein Zeichen von Maitre Casanova in Windeseile Tische und Stühle um, denn jetzt wurden die Geburtsgeschenke überreicht. Alle hatten sich mächtig ins Zeug gelegt. Vom Kriegsminister gab es Pfeil und Bogen aus der Mandschurei für die Tigerjagd. Ein Sattel mit gestickter Pferdedecke für Suleika aus der Mongolei vom Minister für Reitkunst. Einen Säbel aus Solinger Edelstahl vom schwe-

Wladimir Putenkopf

dischen König und ein Gasfeuerzeug von seinem alten Kumpel Gerhard Röder aus Germanien. Obwohl er Nichtraucher war, freute sich Fürst Wladimir wie Bolle. Ziemlich beste Freunde, der Gerd und er. Als letztes bekam er ein kostbares Horn aus handgeschnitztem Mammutstoßzahn von der sibirischen Permafrostdelegation, damit er auch immer kräftig den Lauten machen konnte. Dafür hatten alle Gäste zusammengelegt, denn Mammutstoßzähne waren selten und sehr teuer. Putenkopf machte einen zufriedenen Eindruck murmelte ein Spasiba, Spasiba und wollte sich gerade all den Leckereien widmen, da kam endlich der große Auftritt von Guru Niewahrnarr. Er trat vor den Despoten verbeugte sich und machte brav sein Kratzfüßchen. Verwundert schaute Putenkopf auf den Meister herab und fragte ihn: „Wer bist Du?"

Da sprang der Hausherr Maitre Casanova dem Fremdling hilfreich zur Seite. „Gospodin Putenkopf, das ist Guru Niewahrnarr, ein heiliger Hahn. Er ist der Botschafter von Königin Gummiflummi I aus dem fernen Siam." „ Ach was", knurrte Putenkopf „ und was hast du mir mitgebracht?" Der Meister zog Igors Matrjoschka unter seinem linken Flügel hervor und hielt sie dem Verdutzten unter den Schnabel. Der ganze Hofstaat lachte! Putenkopf klatschte in die Flügel und es war schlagartig ruhig.

Dann giftete er den Meister an: „Weißt du heiliger Mann, das jeder Frusse solch ein Püppchen hat?"

„Ja schon," erwiderte der "Botschafter". „ Aber in dieser Matrjoschka steckt das kleinste Ei der Welt." Da hellte sich die Miene des Schurken auf. „Wirklich? Ich habe die dicksten und größten Eier der Welt, aber das kleinste Ei das fehlt mir noch. Gib die Puppe her!" Gierig , mit zittrigen Flügeln schraubte er Puppe für Puppe auf. Sieben Mal das gleiche Spiel. Endlich beim letzten Püppchen angekommen, konnte er es nicht mehr erwarten. Kaum geöffnet verdüsterte sich sofort wieder seine Miene. „Wo ist das Ei?" „ Es liegt vor dir großer Fürst," log Guru Niewahrnarr. „ Es ist das kleinste Ei das jemals in Siam gefunden worden ist. Gelegt von burmesischen Zwerghühnern, die so klein sind das man selbst ihre Nester mit einer Lupe suchen muss. Auch legen sie nur alle neun Jahre diese kleinen Eier und noch seltener wird eines gefunden." Das klang logisch!

Maitre Casanova stand der Schweiß auf der Stirn. Wahr oder unwahr, das war hier die Frage. Das konnte ihn den Kopf kosten! Putenkopf schüttete vorsichtig das kleinste Ei der Welt in seinen Flügel. Wie durch ein Wunder fiel ein Lichtstrahl eines Kerzenleuchters in seinen rechten Flügel. Eine Feder warf einen leichten Schlagschatten und da war es! Er hatte es gesehen: Das kleinste Ei der Welt! Nun gehörte es ihm ganz allein! Ihm Wladimir Putenkopf dem Schrecklichen. Zärtlich streichelte er sein klitzekleines Ei, murmelte „ Jazo, Jazo, Ei, Ei " und lächelte glücklicher, als ein Kind, das zu Weihnachten seinen ersten Teddybären bekommt. In Wirklichkeit hatte er für einen kurzen Augenblick einen winzigen weißen Kaviarkrümel gesehen, der sich glücklicherweise in seinem Flügel verfangen hatte. Guru Niewahrnarr war gerettet! Dem Großen Pooark sei Dank!

Dr. Krankenschein fiel ein Stein vom Herzen. Hatte der Meister etwa noch mehr Überraschungen auf Lager? Er hoffte nicht! Guru Niewahrnarr stellte Putenkopf Jewgehnie vor, schwärmte von Königin Gummiflummi I und Siam und lud den Unhold nach Pattaya ein. Der sich mit einem Kuraufenthalt auf der Krim revanchierte. Die Krim war schon immer ein sonniges Plätzchen für lichtscheues Gesindel.

Das Rahmenprogramm war offensichtlich beendet. Das kalte Büfett wurde eröffnet und ein Trinkspruch jagte den Nächsten. Kleine Holzfässchen gefüllt mit Salzheringen und essigsauren Gewürzgurken wurden hereingerollt. Sie dienten als willkommene

Matrjoschka

Unterlage für den Genuss von Wodka und anderen alkoholischen Exzessen. Für die Damenwelt servierte die Laufentenschar pausenlos eisgekühlten Krimsekt. Aber den mit dem Dreizack aus der Putenkopfschen Privatkellerei. Die Kapelle spielt leichte Weisen, die dahin plätscherten, wie die Wellen der Newa ...

Alles sah nach einem gelungen Abend aus. Die Gäste waren zufrieden! Fürst Wladimir hatte seine Matrjoschka wieder zusammengebaut und ließ sie nicht mehr aus den Augen. Guru Niewahrnarr diskutierte mit zwei Popen über Sein oder Nichtsein, lobte den Großen Pooark, pries die Vorzüge der Feuerbestattung und gab den verdutzen Bartträgern den gutgemeinten Rat mit auf den Heimweg:

> Alles was du
> sagst, sollte wahr
> sein. Aber nicht
> alles, was wahr ist,
> solltest du auch sagen.

Nachdenklich strichen sich die Popen durch ihre zauseligen Bärte, meinten da wäre wohl was dran, revanchierten sich ihrerseits mit einer tiefen frussischen Weisheit:

> Wer ohne Murren sich dem Schicksal
> unterwirft, der ist bei uns weise.

Danke sprach der Meister und fragte leise nach: „ Kommt der Spruch aus Sibirien?" Wie aus einem Schnabel entfuhr es den beiden Kirchendienern „ Psssssst Psssst Oh Gotte, Gott," dann drehten sich auf den Hinterballen um und verließen fluchtartig den Ort der Sünde. Hätten sie geahnt, was noch alles passiert, dann wären sie bestimmt noch geblieben. Frei nach dem Motto: Wer Eier haben will, muss auch mit Gegacker leben. Aber was war das? Plötzlich ging das Licht aus und nur ein Scheinwerfer erhellte die Bühne. Kein Orchester, kein Rocco. Einzig allein ein großes rotes Kissen wurde angestrahlt. Eine dicke Ente mit einer dampfenden Havanna im Schnabel watschelte auf die Bühne und ließ sich auf dem Kissen nieder. Der Erpel rollte die Zigarre in seinem Schnabel von links nach rechts und wieder zurück. Unglaublich, er war es! Eugen Blau gab eine Lesung. Dabei konnte er weder Lesen noch Schreiben Seine Lesungen waren Sprechungen. Sein ganzes poetisches Werk wohnte gut gespeichert in seinem dicken Entenschädel. Deswegen hatte die Zetersburger Kirow Universität den Dichterfürsten eingeladen, denn der war einzigartig! Leider ohne seinen alten Kumpel Bismarck! Der war wegen seines Rheumas in Pattaya geblieben! Prüfend schaute der Altmeister der Dichtkunst in die Runde, räusperte sich kurz, drückte seinen Bürzel noch tiefer in den roten Samt und sprach die ersten Worte...

Aljoscha

Aljoscha der Kaiseradler
saß in seinem Horst,
das Licht wurd fahl
die Bäume kahl.
Der Winter kam
die Winde wurden kälter,
da spürte er -
ich werde älter.

Das ging den meisten so, denn richtig jung war hier keiner mehr und so gab es den verdienten Applaus. Eugen nickte kurz, ließ seine Havanna kurz auf- und abwippen und fuhr fort ...

Das Veilchen

Am Tresen saß der Bösewicht,
auf Streit und Keile sehr erpicht.
Sich selbst konnt' er nicht leiden,
von andern ganz zu schweigen
trank kräftig Wodka und viel Bier,
er fühlte sich als Stärkster hier.
Wart ab, sprach er zu sich im Stillen,
ich hab den festen Willen,
doch wartet noch ein Weilchen
dann hau ich Euch ein Veilchen!
So stierte er ins leere Glas,
fiel plötzlich um - das war's!
Man hob ihn auf - das dauerte ein Weilchen.
Dann flog er raus - mit einem Veilchen.

Der Saal tobte! Zumindestens was den männlichen Teil der Gäste betraf. Eugen strahlte übers ganze Gesicht! Was für eine Sprechung! Was für ein Publikum. Ja, die Frussen liebten ihre Dichter.

Die Rache

Wanja, der alte Schweinehirte,
saß hinterm Baum ... und spionierte
Drei Schweine in der letzten Nacht
hat man ihm gestohlen
Die wollt er sich jetzt wiederholen.
Es wurde Abend ... langsam düster,
Er dachte sich: „ Du Schweinepriester,

Dich Schuft werd ich heut fangen,
für deine Schandtat dich belangen!"
Nun hol dir auch das vierte Schwein,
die Rache, die wird grausam sein,
Dich Schwein, dich mach ich nieder.
Wer Schweine stiehlt, der kommt auch wieder."
Daaa ... schlich im fahlen Mondeslicht,
so wie erwartet - der Bösewicht,
ging langsam auf die Weide zu,
Wanja kniff ein Auge zu.
Ich dacht's mir doch, kam's ihm in den Sinn,
es war der Wolf - der Isegrim!
Mit einem Blattschuss hat Wanja ihn getroffen
und hat sich danach fürchterlich besoffen.

Wieder hatte der Altmeister des gesprochenen Wortes den Nerv seines Publikums getroffen. Alle grölten Bravo! Bravo! Da Capo! Da Capo!

Das hörte Eugen gerne. Genüsslich steckte er sich die zweite Havanna des Abends in seinen breiten Entenschnabel. Kurzfristig verschwand er in einer großen blauen Rauchwolke. Als Eugen wieder auftauchte hob er den rechten Flügel und Ruhe kehrte ein. Dann gab es die gewünschte Zugabe ...

Viktor

Der Virus Viktor,
der Ärztekammer wohlbekannt,
lebt höchst vergnügt im Leberland,
aus seiner Sicht - Schlaraffenland!

111

Er fühlte sich dort pudelwohl ,
ernährte sich vom Alkohol.
Doch eine Nachts, der Trinker
begann zu klagen:
Ich kann das trinken nicht
länger mehr ertragen
Da ging es Viktor an den Kragen,
die große Dürre zog ins Leberland
und unser Viktor darbte und schwand
Die Leber lebt - vorbei die Not,
nur Viktor - der ist tot.

Das machte doch Hoffnung! Sollten sie wirklich aufhören
zu trinken? Quatsch! Nastrowje! Morgen sehen wir dann weiter ...
Eugen war glücklich. Der bayrische Dickschädel genoss den Beifall
und das wilde Durcheinander.

All das erinnerte ihn doch sehr an seine Sturm und Drangzeit
im Dorfkrug "Zum lüsternen Ochsen" seinerzeit in Unterbayern.
Schade das Bismarck nicht dabei sein konnte. Langsam beruhigten
sich die Gemüter. Es wurden wieder jede Menge Toasts auf ihren
Gönner Wladimir Putenkopf ausgerufen und langsam aber unaufhaltsam nahte der absolute Höhepunkt des Abends die Polonaise
mit anschließender Dessertüberraschung ...

Im Halbdunkel machte sich die Band fertig und Rocco di
Casa stand wieder auf der Bühne. Seinen durchgeschwitzten Frussenkittel hatte er in der Garderobe gelassen und trug nun wieder
sein altes Torerojäcksken. Frankie legte los wie in alten Zeiten ...

Zicke Zacke Zicke Zacke
Ich alleine - Du alleine
Tanzen soll'n die Vogelbeine

Zicke Zacke Zicke Zacke
Nicht ein Bürzel bleibt alleine
Wirbeln soll`n`die Vogelbeine

und jetzt alle ...

Hossa Hossa

Zicke Zacke Zicke Zacke
Ich alleine - Du alleine
Wirbeln soll`n die Vogelbeine
Hossa Hossa ...

Mein lieber Herr Gesangsverein! Jetzt ging aber die Post ab!
Da wurden selbst morsche Knochen plötzlich wieder biegsam, alle
tobten wie meschugge durch den Saal. Allein Fürst Putenkopf blieb
cool bis in die Krallenspitzen. Die Smokingenten standen steif und
stur wie Palisadenpfähle in Reih und Glied und schauten mit unbe-
weglichen Gesichtern dem wahnsinnigen Treiben zu. Einige über-
mütige alte Gockel versuchten sich im Kasatschok. Versagten aber
kläglich.

Doch irgendwann ging auch den Tanzwütigsten die Puste aus.
Der Wodka und das Alter forderten zu später Stunde ihren Tribut.
Frankie badete verzückt im Applaus, schwenkte wie einst übermütig sein Torerojäcksken durch die Luft und wankte schließlich völlig
entkräftet von der Bühne.

Es war schon bewundernswert wie schnell die Frussen wieder
auf die Beine kamen. Gerade hatten sie noch nach Luft gerungen,
waren kreislaufmäßig völlig am Ende, wurden geplagt von zittrigen
Knien und kalten Schweißausbrüchen. Fünf Minuten später stan-

den sie wieder frisch mit einem Wodkaglas im Flügel bester Dinge an der Bar und freuten sich auf den abschließenden Höhepunkt der Geburtstagsparty ihres großen Vorsitzenden. Was würde heute noch passieren?

Schlagartig verstummte das Gemurmel, als das Licht im Saal ausging. Es wurde noch stiller als auf den Friedhöfen des Newski-Klosters. Es herrschte eine atemlose Stille ...

Da ...... wie aus dem Nichts tauchte ein rollendes Wunderkerzenfeuerwerk auf. Langsam rollte das faszinierende Lichtsternekunstwerk auf die Mitte des Raumes zu. Erst als die letzte Wunderkerze verglimmt war, wurde es wieder hell. Da stand Maitre Casanova mit seiner Geburtstagsüberraschung für Fürst Putenkopf. Stolz wie Oskar, mit einem breiten Grinsen in seinem Geiergesicht präsentierte der Schmähkönig eine blutrote Wackelpuddingcreation. Ein Ahhh und Ohhh jagte das andere und der verdiente anerkennende Beifall brandete auf. Wer aber richtig aus dem Häuschen war, das war der wackelpuddingsüchtige Putenkopf! Wie elektrisiert sprang er von seinem Diwan auf, schrie „Iwan dawai, dawai mein Puddinglöffel! Dawai dawai!" Iwan, sein rechter Flügel raste los um seinem Herrn den fürstlichen Löffel zu bringen. Putenkopf konnte es aber nicht abwarten: Der Sabber der Gier tropfte schon aus seinem Schnabel! Da stieß er seine Flügel in das Kunstwerk und steckte sich vor Erregung zitternd die glibberige Kostprobe in den Schnabel und seine Augen leuchteten ... Jetzt konnte sich Wladimir Putenkopf beim besten Willen nicht mehr beherrschen. Er schrie wie von Sinnen ein markerschütterndes Urrrääääähhh aus und stürzte sich auf den Wackelpudding und hackte wie blöde auf das Kunstwerk ein. Nahm der Wahnsinn kein Ende? Selbst Iwan, inzwischen wieder da, nahm er nicht wahr. Der Löffel blieb sauber. Während dessen pickte, schlabberte, lutschte und sabberte sich der wahnsinnige Diktator durch die blutrote Köstlichkeit. Nun zeigte

Eugen Blau

Niewahrnarrs Premium Hanf seine geballte Wirkung ... Alle starrten kopfschüttelnd auf das peinliche Schauspiel. Man hätte die berühmte Stecknadel fallen hören können, wenn da nicht das gierige Geschmatze und Geschlabbere gewesen wäre. Von dieser grotesken Seite kannten sie ihren Putenkopf noch gar nicht! Plötzlich erstarrte Wladimir Putenkopf. Stocksteif stand er da, glotze dämlich in die Runde und sein Körper wurde dicker und dicker. Daaa! Der rote Knopf seiner Reithose flog im hohen Bogen durch die Luft. Dann platzte seine Hose und das bestgehütete Staatsgeheimnis wurde sichtbar: Wladimir war ein Windelträger! Putenkopf war inkontinent! Und für alle Gäste sichtbar: Selbst in die XXL Pampers war das Emblem seiner Macht der Dreizack eingewoben. Sein Leibesumfang schwoll immer mehr an. Aus seinem durchtrainierten Körper war urplötzlich ein ekelhafter, dicker Fettwanst geworden! Langsam hob er vom Boden ab und schwebte leicht schaukelnd im Saal hin und her. Die Windel hielt der enormen Belastung nicht stand. Die Gummibänder platzen mit einem lauten Knall und die, die in der ersten Reihe standen hatten schlechte Karten! Iggittegittegack! Iggittegittegack! Pfui Deubel, Schande schrieen erbost die Getroffenen und streckten ihre braungesprenkelten Flügel drohend dem hilflos dahinschwebenden Putenkopf entgegen. Dieser hatte den Ernst der Lage scheinbar noch gar nicht begriffen. Ihm war das erste Mal in seinem Leben alles „scheißegal" Er war von der Überdosis Premiumhanf so berauscht das hysterisches Lachen sich mit hintergründigem Grinsen abwechselte und er pausenlos der wütenden Menge zurief: "Ich liebe euch! Ich lieb euch alle! Ich liebe euch ..." Bevor es zu ersten gewalttätigen Ausschreitungen kam löste sich das Problem sprichwörtlich in Luft auf. Der schon fast bedauernswerte Fettwanst hing hilflos unter der Decke fest. Nun war er zwar vor seinem aufgebrachten Hofstaat sicher, aber schon drohte ihm neues Ungemach. Sein nackter Bürzel schwebte genau über den di-

cken Kerzen eines Kronleuchter. Es gab kein Entrinnen! Der Bürzel
wurde heißer und heißer. Verzweifelt stieß der Gepeinigte seinen
gefürchteten Dreizack in die Decke. Nach einigen kräftigen Stößen
gab das Mauerwerk nach, die Decke stürzte ein und alle starrten
in den sternklaren Nachthimmel. Langsam und unaufhaltsam stieg
Wladimir Putenkopf der Frussenfürst wie ein dicker Heißluftbal-
lon lautlos in den Himmel auf. Dabei lachte er wie irre, rief immer
wieder: "Ich liebe euch! Ich liebe euch! " Nach einer Weile wurden sein Rufen und Lachen immer leiser bis es ganz verstummte.
Einzig allein der Schein seines feuerroten Bürzels war noch lange
zu sehen. Lähmende Fassungslosigkeit machte sich breit. Doch
plötzlich schlug die Stimmung um. Wo war der Koch der diesen
teuflischen Wackelpudding geschaffen hatte. Er war der Übeltäter!
Rache! Ihm gebührt die Höchststrafe: Lebenslänglich eingesperrt
in die berüchtigte Bernsteinkammer. Das gleißende Licht des Gol-
des der Ostsee soll ihn erblinden lassen. Doch Maitre Casanova
hatte den Braten gerochen. Längst war er über alle Berge, saß fidel
auf dem Oberdeck eines Krabbenkutters Richtung Finnland, wo er
schnell zu Ruhm und Ehren kam: Als Filialleiter einer Baumarkt-
kette. Guru Niewahrnarr stupste Jewgehnie sanft in die Seite und
sprach: „Komm wir haben genug gesehn! Lass uns gehen, unsere
Arbeit ist vollbracht. Es gibt keinen Putenkopf mehr! Frussland ist
frei"... Jewgehnie stand immer noch mit weit geöffnetem Schnabel
da und schaute ungläubig in den Himmel. Zwischen all den fun-
kelnden Sternen sah er immer noch einen klitzekleinen roten Punkt.
Er drehte sich um und sagte leise: „ Lächelnd scheidet der Despot;
denn er weiß, nach seinem Tod wechselt Willkür nur die Hände,
und die Knechtschaft hat kein Ende." „Wo hast du das denn her?" „
Das sagte vorhin der schwedische Botschafter zum Kriegsminister."
„ Und hast du heute abend etwas gelernt," fragte der Meister erwartungsvoll seinen Schüler ... Jewgehnie legte seine Stirn in Falten,

überlegte kurz und antwortete ...

„Wenn der Kuhstall leer ist,
gibt es keine Milch "

Nicht schlecht für den Anfang schmunzelte der Meister,
klopfte seinem Schüler anerkennend auf die Schulter und lobte ihn:
„ Du hast dich tapfer geschlagen mein lieber Jewgehnie, ich bin
sehr stolz auf dich! Irgendwann wirst auch du erleuchtet sein!" „
Meister, wann darf ich denn endlich mit dir die Pflanze der Erleuchtung rauchen?" „Wenn du erleuchtest bist, mein Sohn! Der Weg
zum Hanf ist ein langer, steiniger Weg ..."
„ Meister, kommt einer wie Putenkopf auch ins Nirwana?" „
Sicherlich!" „ Und was macht er dann da?" „ Holzhacken ... !!!"

P.S. Von dem Genuss von Drogen
jeglicher Art in der heutigen
Zeit ist dringendst abzuraten !!!

Guru Niewahrnarr

Weitere Bücher der edition lichtblick, oldenburg

ZICKE_ZACKE HÜHNERKACKE,

Ennow Strelow
Ein Schelmenroman mit kiffenden Hühnern und anderen schrägen Vögeln auf der
Suche nach Erleuchtung...
Taschenbuch mit farbigen Abbildungen der "schrägen" Vögel,
Broschiert, 112 Seiten, ISBN: 978-3735722355,

HIRNPALAVER,

Fotografie und Texte von Ennow Strelow
- skurile Gedichte und Fotografien
Broschiert, ISBN978-3-8423-4352-8,

Das Sonnenschiff

von Claudia Wädlich
Ein atemberaubender Reiseroman über Ägypten um den Anschlag von Luxor, Die fik-
tiven Teile zeigen eine Kreuzfahrt auf dem Nil in den Neunzigern dreier Protagonistin-
nen. Auf ihrem spannenden Weg durch die Monumente, Metropolen und den Ägyptern
von heute.
Paperback, 336 Seiten, ISBN 978-3-7357-9478-9

Pilgern auf dem Olavsweg durch Schweden

von Michael Schildmann
Mit einem Vorwort der dänischen Pilgerpastorin Elisabeth Lidell.
In diesem dritten Buch über seine Pilgerreisen erzählt Michael Schildmann von den
menschlichen Begegnungen auf dem St. Olofsleden und seinem Weg durch die
schwedischen und norwegischen Wälder.
Paperback, 172 seiten, ISBN 978-3-7322-8953-0

Pilgern auf dem Olavsweg - ein Tagebuch mit 45 Bildern von Michael Schildmann

Nidaros, das Jerusalem des Nordens, war über Jahrhunderte ein sehr wichtiges Pil-
gerziel - bis zur Reformation. Michael Schildmann pilgerte bereits auf dem Jakobsweg
vom Somport-Pass nach Santiago de Compostela. Hier beschreibt er seine Erlebnisse
auf seinem ersten Olavsweg: 650 km in 35 Tagen. Zahlreiche farbige Abbildungen,
Paperback, 204 Seiten, ISBN 978-3-8423-8485-9

Liebermanns Atelier oder Die Verdoppelung der Bilder
von Nicolaus Bornhorn

...auf der Terrasse mit Blick auf den Garten und See fand ich jene Perspektive der
Birkenallee wieder, die mir schon von Gemälden her bekannt war.   Im erhaltenen
Atelier des Künstlers im ersten Stock stand eine Staffelei und darauf ein Gemälde,
welches das Innere eben dieses Ateliers wiedergab. In diesem gemalten Atelier befand sich eine Staffelei, auf welcher sich ein Gemälde befand, das... In jenem Augenblick wurde der Keim gelegt für die künftige Ausstellung.
Paperback, 40 Seiten, isbn 978-3-8482-5418-7,